JN057000

自転車利活用の
トラブル相談

基礎知識から
具体的解決策まで

仲田誠一・内田邦彦・菊田憲紘・杉江大輔 [著]

Bicycle utilization

発行 🕁 民事法研究会

は し が き

　皆さんは子どものときから自転車に慣れ親しんでいると思います。自転車はそんな身近な移動手段ですが、現在、にわかに再注目されています。東日本大震災の後に、災害時に強い自転車が、かねてからの健康志向やエコロジーに対する意識の高まりも相まって、ブームになったといわれています。高級自転車が人気となり、サイクリング番組も登場しました。そして、2020年初頭からの新型コロナウィルス禍では、「密」状態を避けられる自転車通勤や自転車通学が増加します。かつ、巣ごもり需要のためフード・デリバリーサービスが普及し、自転車による宅配が急成長しました。このように自転車は現在でもその活用の幅を拡げている、古くて新しい移動手段といえます。

　世の中の自転車に対する関心が高まる一方で、自転車がかかわるさまざまな問題についての情報発信は必ずしも十分ではありませんでした。そのような中、自転車通勤のリスクや問題点を説明した私のウェブサイト記事が目に留まったようで、WEBニュースの取材を受けました。その取材記事を見た日本放送協会（NHK）の夕方の情報番組でも自転車通勤の問題などを紹介させてもらいました。自転車通勤に対する注目の高まりを感じていたところ、同情報番組をきっかけに、株式会社民事法研究会からも本書執筆の機会をいただきました。

　本書の目的は、「自転車の利用・活用をめぐる基礎知識からトラブルや紛争・事故について幅広くかつ一般の方にわかりやすく解説する」というものです。自転車がこれだけ身近であるにもかかわらず類書は見当たりませんでした。企業法務および消費者問題に強い弁護士および社会保険労務士の協力を得て執筆を進めましたが、手探りで執筆をせざるを得ないなど「幅広くかつ一般の方にわかりやすく」という課題は意外に難題でした。自転車の問題を網羅的に扱うことは比較的新しい試みであると考えております。不十分な内容があるかもしれませんが、その点をご理解いただきご容赦ください。本

はしがき

書が、今後ますます拡がるであろう自転車の利用・活用に対する情報提供の一助となり、少しでも社会に役に立つことを切望いたします。

　最後になりましたが、株式会社民事法研究会の野間紗也奈氏など関係者の皆様には貴重なご助言をいただきました。心より感謝申し上げます。

　令和4年1月

執筆者を代表して　　仲田　誠一

第2章　自転車通勤のトラブル・事故への対応

Ⅰ　自転車通勤をめぐる問題

Ⅱ　自転車通勤のトラブル

Ⅲ　労災保険における通勤災害

Ⅳ　自転車通勤に関する企業のリスク管理

第3章　自転車の道路交通法上の位置づけ

凡　例

[法令]

法・道交法（第3章以外）	道路交通法
令	道路交通法施行令
規則	道路交通法施行規則
自賠責法	自動車損害賠償保障法
労基法	労働基準法
労災法	労働者災害補償保険法
労災法施行規則	労働者災害補償保険邦施行規則
労働保険料徴収法	労働保険の保険料の徴収等に関する法律
入管法	出入国管理及び難民認定法

[判例集・文献]

民集	最高裁判所民事判例集
刑集	最高裁判所刑事判例集
高刑集	高等裁判所刑事判例集
判時	判例時報
判タ	判例タイムズ
自保ジャーナル	自動車保険ジャーナル
労判	労働判例
新聞	法律新聞
TKC	TKC法律情報データベース
交民集	交通事故民事裁判例集

道交法解説	道路交通執務研究会編著野下文生原著『執務資料道路交通法解説〔18訂版〕』（東京法令出版・2020年）
赤い本（基準編）	日弁連交通事故相談センター東京支部編『民事交通事故訴訟損害賠償額算定基準　上巻（基準編）2021』（公益財団法人日弁連交通事故相談センター・2021年）
赤い本（講演録編）	日弁連交通事故相談センター東京支部編『民

	事交通事故訴訟損害賠償額算定基準　下巻 （講演録編）2021』（公益財団法人日弁連交通 事故相談センター・2021年）
別冊判タ38号	東京地裁民事交通訴訟研究会編『別冊判例タ イムズ38号　民事交通訴訟における過失相殺 率の認定基準〔全訂5版〕』（判例タイムズ 社・2014年）
労務行政研究所	労務行政研究所編『労災保険　業務災害及び 通勤災害認定の理論と実際　上巻〔改訂4 版〕』（労務行政研究所・2014年）」
労務行政	労務行政編『労災保険法　解釈総覧〔改訂8 版〕』（労務行政・2013年）
労災管理課	厚生労働省労働基準局労災補償部労災管理課 編『労働者災害補償保険法〔7訂新版〕』（労 務行政・2008年）

[その他]

自賠責保険	自動車損害賠償責任保険
自賠責保険制度	自動車損害賠償責任保険制度
自賠責保険証	自動車損害賠償責任保険証明書
労災保険	労働者災害補償保険
労災	労働災害

第1章

自転車利活用のトラブル・事故への対応

Ⅰ　総　論

Q1　自転車の利活用をめぐる問題

> 自転車の利活用をめぐる問題点を教えてください。

▶ ▶ ▶ Point
① 自転車にはさまざまな魅力やメリットがあるため、幅広い目的で、さらに新しい分野に、活用されてきています。
② 自転車の活用に対応するインフラの整備が課題となっています。
③ 被害者にならないよう、かつ加害者にならないよう、運転のルールやマナーを守らなければいけません。
④ 自転車の所有や運転には責任を伴います。
⑤ 自転車を通勤に使う場合には、事前に勤務先に確認し、必要な届出をしてください。

1　自転車の魅力とメリット

　自転車は自動車と比べて低コストの移動手段です。運転に免許も要求されておらず、誰でも気軽にサイクリングを楽しめます。

　自転車の運転は脂肪燃焼等に効果的で、生活習慣病の予防が期待できます。かつ、運転効果によるメンタルヘルスの改善も期待されています。その効果として自転車通勤では労働生産性の向上も期待されます。

　自転車は環境にやさしい移動手段です。移動自体では温室効果ガスを発生させません。温室効果ガス排出削減のため、自家用車利用から公共交通機関や自転車の利用への転換が奨励されています。

　自転車にはこのような魅力やメリットがあります。そのため自転車の利用目的は幅広く、さらに新しい分野に自転車が活用されてきている状況にあります。

2　インフラの整備

　さまざまな分野における自転車の活用の拡がりに対応したインフラの整備が課題となっています。たとえば、自転車専用レーンの整備が不十分なため、車道は路上駐車など自転車が走行しにくい状況になっています。危険な車道を避けて歩道を走行する自転車が数多くあり、歩行者との事故を引き起こす危険が生じています。駐輪場や駐輪スペースの不足が、迷惑駐車や放置自転車の一因となっている例もあります。

　平成29年5月1日には自転車活用推進法が施行されるなど、インフラ整備を含めた自転車の利活用の推進が国を挙げて図られています。

3　運転マナーの向上

　自転車は、運転免許もいらない気軽な移動手段であるがゆえに、運転のルールやマナーを守らない運転者も少なからず存在します。

　自転車は自動車や自動二輪車と比べて「交通弱者」です。運転マナーを守らないことによって、交通事故に遭うと重篤なけがを負う危険があります。一方で、自転車は「走る凶器」です。運転マナーを守らず歩行者や自転車を相手とする事故の加害者となってしまうと、被害者に重篤なけがを負わせる可能性があります。そのため、自転車を運転するにあたっては、被害者にならないよう、かつ加害者にならないよう、運転のルールやマナーを守らなければいけません。

　小学校などでは自転車安全教室などが開催されているようですが、自転車の交通ルールやマナーを学ぶ機会はまだまだ少ないと思われます。自動車を運転して初めて危険な運転をする自転車の怖さがわかるという声も聞きま

す。

　運転のルールやマナーを整理した「自転車安全利用五則」（平成19年 7 月10
日警察庁交通対策本部決定）がよく紹介されますので、次に紹介しておきま
す。あらためて確認してみてください。

　　・自転車は、車道が原則、歩道は例外
　　・車道は左側を通行
　　・歩道は歩行者優先で、車道寄りを徐行
　　・安全ルールを守る
　　　飲酒運転・二人乗り・並走の禁止
　　　夜間はライトを点灯
　　　交差点での信号遵守と一時停止・安全確認
　　・子どもはヘルメットを着用

4　自転車をめぐる責任

　自転車の所有者には管理責任があります。迷惑駐車、放置自転車の責任は
所有者にあります。事業者は従業員が社用自転車を運転して起こした事故に
ついて使用者責任を負う可能性が高く、未成年者が運転する自転車によって
事故が引き起こされた場合には親権者等の監督義務者の責任が認められ得ま
す。

　自転車の運転者は、交通事故の被害者に対して不法行為に基づく損害賠償
義務を負います（民法709条）。場合によっては過失傷害罪（刑法209条）、過
失致死罪（同法210条）、重過失致死傷罪（同法211条後段）、あるいは道路交通
法の救護義務違反や報告義務違反を問われ、行政上の処分責任（自動車運転
免許停止等）を課されるケースもあります。

　特に、自転車事故において裁判所が認める損害賠償の額は高額化していま
す。自転車を運転する際には、必ず自転車事故に対応した賠償責任保険に加
入していることを確認してください。自治体によっては賠償責任保険付保を

条例で義務化しています。

5　自転車通勤

　事業者は就業規則等で従業員の通勤方法を指定することが許されています。自転車通勤が禁止されていることもあります。自転車を通勤に使う場合には、事前に勤務先において自転車通勤が許可されているかどうか、あるいは許可条件が定められているかどうかを確認してください。

　通勤方法を変更する際には、勤務先に対して変更後の勤務方法および経路を届け出てください。届出をしていないと通勤手当の不正受給などの問題を引き起こしかねません。

　自転車通勤の途中で合理的な経路からの逸脱や移動の中断があった後には事故に遭っても労災保険上の通勤災害と認定されないことにもご留意ください。

　なお、自転車通勤に利用されることもあるシェアリング自転車についてはＱ２・Ｑ９・Q10を参照してください。

Q2　新しい問題の傾向

> 自転車の利活用をめぐる最近の傾向を教えてください。

▶ ▶ ▶ Point

① 健康志向、環境志向から自転車が世界中でブームになっています。一方で、インフラ整備が進んでいない等の課題も残っています。

② 「新しい生活様式」において自転車通勤・通学が推奨される等、ツーキニストの増加が顕著な現象となりました。自転車通勤の増加に伴う問題も出てきています。

③ 流通においても自転車が利用される場面が増えてきました。事故時の賠償責任の所在、労災適用の有無や保障等の問題・課題も生じています。

④ 新しい交通手段として自転車のシェアリングサービスの提供エリアも増えてきています。

1　自転車利活用の推進

　健康志向、環境志向から自転車の利活用を推進する国々は多いところです。欧州ではEUレベルあるいは加盟国レベルでさまざまな施策が行われています。わが国は、もともと身近な移動手段として自転車がよく利用される国でしたが、平成29年5月1日には自転車活用推進法が施行されるなど、さらに自転車の利活用の推進を図っています。

　新型コロナウィルス禍で自転車を取り巻く環境も大きく変わりました。巣ごもり時間が増える中、運動不足を解消する自転車が世界中でブームになっています。わが国でも「新しい生活様式」において自転車の活用が推奨されたことを踏まえ、自転車通勤・通学の一層の推進が図られています。

　このように自転車利活用が進んでいる一方、自転車の運転には免許の必要もないため自転車運転者の間では左側通行で車道を走行するという基本的なルールさえ浸透していません。車道走行を促すための自転車用道路などの整備が進んでいない、あるいは駐輪場がまだまだ少ないなど、インフラ整備にも課題が残っています。

2　注目される自転車通勤

　環境経営の観点から、あるいは新型コロナウィルス禍において「密」を避けるため、自転車通勤が注目されています。

　従前から自転車通勤を奨励する企業は存在していました。特に近年は、環境経営戦略、イメージアップ策、あるいは従業員の労働生産性の向上を狙い、自転車通勤を厚遇する企業が増える傾向にあります。さらに、新型コロナウィルス禍では公共交通機関での「密状態」を避けるために自転車の通勤を始める「ツーキニスト」の増加が顕著な現象となりました。国も、「新しい生活様式」において自転車の活用を推奨し、自転車通勤・通学の一層の推進策が講じられています。

　自転車通勤の増加には、事故の危険、それに伴う賠償責任や労災適用、通勤手当の適正化、あるいは自転車の盗難防止などの問題が伴います。事業者もリスク管理の観点から、自動車通勤と同様に自転車通勤制度を整備し、あるいは禁止しなければなりません（Q26〜Q31参照）。

3　流通における自転車の利活用

　自転車が流通の場面においても利用される場面が増えてきました。

　都市部などでは荷物の配達に自転車が利用されています。渋滞や交通規制の影響を受けにくい自転車便もその機動性を売りにして都市部で活躍しています。新型コロナウィルス禍における巣ごもり需要によって、自転車配達員によるフードデリバリーも増えてきています。

　多様な働き方の一つとして、あるいは副業として、フリーランス形態で契約する自転車配達員も多くみられます。そのため、事故時の賠償責任の所在、労災適用があるかどうか（特別加入が可能となりました）、労災適用がない場合の保障の用意等の問題・課題も生じています（Q11参照）。

4　自転車のシェアリングサービス

　新しい交通手段として自転車のシェアリングサービスの提供エリアも増えてきています。自転車のシェアリングサービスは、レンタサイクルと違って、複数のサイクルポートで利用・返却ができ、IC カードやスマートフォンだけで借りることができるサービスです。このシェアリングサービスは、都市部の渋滞や放置自転車対策として各自治体等により推進されています。観光地でもポタリングを楽しむ人のために整備されつつあります。「所有から利用へ」という消費者行動の変化の一環としてみることもできるでしょう。

　ただ、ビジネスとして収益を確保するには自転車の盗難・破壊や再配置の問題に対処しなければならないなどの課題も存在しているようです。

　シェアリングサービスについては、Q 9・Q10を参照してください。

Ⅱ　自転車購入にまつわるトラブル

Q3　中古自転車の購入トラブルと対応

> 自転車の購入を希望していますが、リサイクルショップで気に入った中古自転車があります。購入に際して注意すべきことがあるでしょうか。また、友人から中古自転車を購入する際に注意すべきことがあるでしょうか。

▶ ▶ ▶ Point

① **中古品の購入は、現状での引渡しとなることが多いため、品質についてトラブルになりがちです。**

② **中古品であっても、原則として契約不適合責任を追及することができます。**

③ **契約不適合責任をいっさい負わないとする免責特約は、消費者契約法で無効となります。**

④ **中古自転車の購入時には、旧所有者の防犯登録を抹消してもらっておく必要があります。**

1　現状引渡し

　中古自転車に限らず、中古品の購入は現状での引渡しになることが少なくありません。中古品は劣化やキズなどを含めて、商品の状態・程度の幅が広く、一般の消費者には判断が難しいことがあります。このため、信頼のおける中古自転車販売業者で購入することや、購入時にメンテナンスや部品の調達が可能であるかを確認しておく必要があります。

2 契約不適合責任

　中古品であっても、目的物が、その種類・品質・数量に関して、契約の内容に適合しないときは、買主は売主に対し、目的物の修補・代替物の引渡し・不足分の引渡しといった履行の追完、代金減額、損害賠償、契約解除を求めることができます（民法562条・564条）。

　この契約不適合責任は、令和2年4月に施行された改正民法で新たに定められた文言です。それ以前の民法では、「瑕疵担保責任」として「売買の目的物に隠れた瑕疵があったとき」に損害賠償と契約解除が認められていましたが、契約不適合責任では、一般の債務不履行責任と同様に、損害賠償と解除だけでなく、履行の追完請求や、代金減額請求も認められます。

　令和2年4月以降に購入契約を締結した中古自転車について契約内容に適合しない故障が発生したときは、買主は売主に対して、契約の解除や損害賠償請求だけでなく、修理や代替車の引渡しを求めることができます。

3 免責特約

　民法上の契約不適合責任は任意規定ですので、契約書で契約不適合責任を免責する条項を定めることができます。

　もっとも、事業者と消費者の契約においては、消費者契約法によって、事業者の契約不適合責任を全部免責とする条項は無効となります（消費者契約法8条1項5号）。このため、中古自転車の売買契約書や契約約款などに、販売業者が契約不適合責任をいっさい負わない旨の文言があったとしても、消費者は目的物に契約不適合があれば、販売業者に対して責任を追及することができます。

4 防犯登録

　自転車には防犯登録制度があります。自転車の安全利用の推進及び自転車

等の駐車対策の総合的推進に関する法律において、自転車を利用する者に対しては、その利用する自転車について防犯登録を受けることが義務づけられています。

　防犯登録制度では名義変更が認められていませんので、中古自転車を売買する際には、旧所有者（売主）が登録をいったん抹消し、新所有者（買主）が再度登録をする必要があります。旧所有者の防犯登録が抹消されていないまま自転車を使用すると、盗難自転車を所持していると疑われる可能性がありますので注意してください。

　特に、知人間での自転車の売買の際には、専門業者がかかわらないため、防犯登録の抹消や再登録の手続がされないままになりがちです。「自転車防犯登録所」の掲示のある自転車小売店やホームセンター等で手続をするようにしましょう。

Q4　インターネットでの購入トラブルと対応

　自転車の購入を希望していますが、自転車店を見て回るよりも、インターネットの販売サイトのほうが、多くの種類の自転車を簡単に探すことができて便利です。インターネットで自転車を購入する際に注意すべきことがあるでしょうか。

▶ ▶ ▶ Point

① 　インターネットでの購入は、店舗での購入と比べて、トラブルになりがちです。

② 　自転車を組み立てなければならないことがあります。

③ 　メンテナンスや修理を受け入れる業者を自分で探す必要があります。

④ 　インターネット販売業者が防犯登録をしてくれない場合、自分で防犯登録をする必要があります。

⑤ 　その他、インターネット販売サイト特有の詐欺等の危険性に注意する必要があります。

1　インターネットでの購入のメリット・デメリット

　インターネットでの購入には、実在の店舗での購入と比べたメリットがあります。たとえば、数多くのメーカーの商品を比較したり、同じブランドでもグレードや色違いのものを選んだりすることは、インターネットのほうが簡単にできます。

　一方で、インターネットでの購入では販売業者と対面でやりとりができませんので、商品に関する細かな情報を得られない可能性があります。また、現物を確認することができないため、サイズや色などが購入前に画面で見て

認識していたものと違うことがあり得ます。特に、自転車の場合にはインターネットで購入する際には「試乗」ができないため、使用感を体験できないことによるリスクを理解したうえで購入する必要があります。

2 自転車の組立て

インターネットでの購入では、輸送や配達上の制約から、購入者が購入後に自身で自転車を組み立てなければならないことがあります。自転車の整備不良は生命・身体の危険にかかわることですから、組立ての際の安全性には十分注意を払うべきです。自分で組み立てる自信がない場合は、事前に組立てを請け負う業者を探しておく必要があります。

3 メンテナンスや修理

実在の店舗で自転車を購入する際は、その後のメンテンナンスや修理を販売店に依頼することが少なくないと思われます。一方、インターネットでの購入では、購入後のメンテナンスや修理を受け入れる業者を探す必要があります。

外国製の自転車など特殊な部品等が必要となる自転車については、メンテナンスや修理が可能であるか、事前に確認しておきましょう。

4 防犯登録

Q3でも説明しましたが、自転車には防犯登録制度があり自転車を利用する者に対しては、その利用する自転車について防犯登録を受けることが義務づけられています。防犯登録は全国共通ではなく、都道府県ごとに申請することになるため、インターネット販売業者によっては防犯登録手続に対応できないことがあります。

インターネット販売業者が防犯登録手続を行わない場合は、購入後に自分で防犯登録所に自転車を持ち込んで登録手続をする必要があります。

5　インターネット詐欺など

　自転車に限られたことではありませんが、インターネットでの購入では詐欺の被害に遭う消費者が少なくありません。商品が届かなかったり、注文したものと異なる商品が届いたりするトラブルが散見されますが、有名ブランドの商品などは、模倣品が流通する危険もありますので、特に注意が必要です。

　正規品に比べて販売価格が極端に安い場合や、販売業者の連絡先が掲載されていない場合、商品説明等の日本語の表現が不自然な場合など、模倣品を販売するウェブサイトには一定の特徴がありますので、事前にチェックするようにしましょう。

　模倣品を購入してしまった場合などインターネットでの購入によりトラブルに遭ったときは、独立行政法人国民生活センターや各自治体が設置する消費生活センター等に報告・相談するようにしましょう。

Ⅲ　自転車の所有と管理にまつわるトラブル

Q5　所有者の管理責任

　自転車の所有者がその管理責任を問われるのはどのようなケースでしょうか。

▶ ▶ ▶ Point
① **所有者は放置自転車の撤去や損害賠償を求められることがあります。**
② **所有者は貸与自転車や盗難自転車によって引き起こされた事故について原則として責任を負いません。**
③ **事業者は従業員が社用自転車を運転して起こした事故について使用者責任を負う可能性が高いです。**
④ **責任能力のない未成年者が運転する自転車によって事故が引き起こされた場合には、監督義務者の責任が認められ得ます。**

1　自転車所有者の管理責任

　民法206条は、所有権の内容として、「所有者は、法令の制限内において、自由にその所有物の使用、収益及び処分をする権利を有する」と定めています。所有者の管理責任について具体的に定める民法の規定はありませんが、所有権は「法令の制限内において」認められ、他者の権利との関係で内在的制約を受けます。所有物によって他人の権利や利益を侵害した場合には管理責任が問われることになります。

　自転車の所有者が管理責任を問われうるケースとしては、放置自転車および自転車が引き起こした事故における責任があります。

2　放置自転車の管理責任

　所有者が自転車を放置しても直ちにその所有権を失うわけではありません。明らかに所有者が所有権を放棄したと認められるケースでない限り、放置自転車を無断で撤去・処分すると、所有者の所有権を侵害したことになります。

　一方で、所有者は、その所有自転車を他人の土地（建物）に放置することで、当該土地（建物）の所有権あるいは占有権を侵害していることになります。土地（建物）の所有者あるいは占有者は、自転車所有者に対して、土地（建物）の所有権あるいは占有権に基づく妨害排除請求権として、放置自転車の排除（撤去）および損害賠償を請求することができます。

3　貸与自転車や盗難自転車による事故の責任

　不法行為による損害賠償義務は原則として不法行為者自身が負います（民法709条）。交通事故の損害賠償責任も運転者自身が負うのが原則です。

　自動車運転により起こした人身損害の場合には、運行供用者責任（自賠責法3条）という特別な責任が定められています。人に貸した自動車や盗難に遭った自動車が引き起こした事故について、車両所有者が運行供用者として損害賠償責任を負うことがあります。

　これに対し、自転車については自動車のような運行供用者責任を定める法律がありません。したがって、原則どおり、車両所有者は、人に貸した自転車や盗難に遭った自転車によって引き起こされた事故の責任を負いません。

4　社用自転車の使用者責任

　従業員が社用自転車を運転して起こした事故については、事業者の使用者責任（民法715条）が問題となります。使用者責任とは、被用者が事業の執行について第三者に加えた損害を賠償する責任です（民法715条）。使用者は、

被用者が不法行為に基づいて負う損害賠償責任と同じ責任を負うことになります。加害自転車が事業者の所有に属することは、事業者の使用者責任が認められる大きな要素の一つとなるでしょう。事業者は、社用自転車を事業に使用する際には、使用者責任を問われる場面を規定したリスク管理として賠償責任保険に加入するなどの対応が必要となります。

　なお、大阪府自転車条例のように、事業者に対し損害賠償責任保険への加入、従業員に対する交通安全教育、点検・整備・反射器材の取付け等の義務を課している条例もあります。

5　未成年者の自転車事故の責任

　自転車は、運転免許が必要な自動車と異なり、責任能力がない未成年によっても運転されます。

　「自己の行為の責任を弁識する能力」（責任能力）のない未成年者は民法709条に定める損害賠償責任を負いません（ほかに民法713条では、精神上の障害により責任能力を欠く者も損害賠償責任を負わないと定められています）。責任能力は、何らかの法的責任が生じることを認識しうる能力とされています。責任能力の有無は行為の性質などの具体的な事情により判断されます。年齢によって画一的に判断することはできませんが、おおむね11歳から13歳が一応の基準となっているといわれています。

　損害賠償責任を負わない未成年者の事故については、監督義務者の責任が問題となります。責任無能力者が責任を負わない場合は、法定監督義務者（代理監督者も含む）が、監督義務違反がないこと、または義務違反と損害との因果関係がないことを証明しない限り、損害賠償義務を負うことになります（民法714条）。

　未成年者の法定監督義務者とは、多くの場合は親権者（民法820条）となります。監督義務者が自転車の所有者を兼ねることも多いでしょうから、自転車所有者の責任の一つとも位置づけられるでしょう。

Q6 迷惑駐輪問題をめぐるトラブルと対応

当社の敷地に迷惑駐輪がされており困っています。どのような対応ができるでしょうか。

▶ ▶ ▶ Point
① 迷惑駐輪された自転車であっても、勝手に処分することはできません（自力救済の禁止）。
② 迷惑駐輪をしている自転車に警告文を張り付けることは迷惑駐輪の再発防止などに有効です。
③ 張り紙等で効果がない場合には所有者を特定することも考えます。また、適切な保管場所へ自転車を移動することも許容され得ます。
④ 車両所有者に対する不法行為に基づく損害賠償請求も可能です。
⑤ 警察に相談することも考えられます。

1　自力救済の禁止

　迷惑駐輪された自転車であっても、勝手に処分したり使用できなくしたりすることはできません。これを、自力救済の禁止といいます。勝手に処分等をしてしまうと、不法行為責任（民法709条）あるいは器物損壊罪（刑法261条）を問われかねません。

2　警告文の張付け

　迷惑駐輪をしている自転車に警告文を張り付けることは、法的な効果はないかもしれませんが、迷惑駐輪の再発防止には有効でしょう。
　「この自転車は違法駐輪しています。〇月〇日までに撤去しない場合は処

分します」、「違法駐輪の場合は罰金〇万円を徴収いたします」などの警告文を自転車に張り付けます。個人では難しいかもしれませんが、会社や管理組合の場合には連絡先電話番号も記載しておきましょう。

　張り紙が何日かはがされないまま残っているならば、放置自転車としての対応をしなければならないかもしれません。防犯登録ナンバーから盗難の照会を実施する等します。

③　自転車所有者の確認

　張り紙等で効果がない場合には、自転車所有者を特定することも考えないといけません。

　所有者が現れそうな時間帯に見廻って、現れた所有者に直接注意をするケースもあります。ただし、危ないこともあるかもしれませんので、複数人で対応するほうがよいでしょう。所有者の身分証や名刺などを確認できれば大きな抑止になります。

　学校の通学許可シールや有料駐輪場やマンション管理組合の契約シールなどが自転車に張られている場合には、学校、有料駐車場、管理組合などに連絡をとれば、結果として所有者本人に連絡がつながる可能性もあります。

　自力救済は禁止されていますが、敷地内の迷惑駐輪自転車を敷地内の保管場所あるいは所有者からの請求があれば直ちに返還できる他者の保管場所へ移動させることは許容されうると考えます。移動させる際に「違法駐輪のため適切な保管場所へ移動させました。所有者の方は〇月〇日までに〇〇に連絡のうえ、引き取ってください」などの書面を掲示しておけば、掲示を見た所有者から連絡が来ると思います。これに対して、容易に返せない場所への移動はそれ自体が不法行為あるいは犯罪になりかねませんので注意してください。

4　車両所有者に対する損害賠償請求権

　迷惑駐輪をされている土地建物の所有者あるいは占有者は、車両所有者に対して、不法行為に基づく損害賠償請求（民法709条）をすることはできます。駐輪によって土地や建物の所有権、占有権が侵害されているからです。車両所有者が正当な理由なく駐輪という利得を得ているとみれば不当利得返還請求（同法708条）も可能でしょう。

　賠償を請求できる損害は、あくまでも使用料あるいは保管料相当額等の実費です。懲罰的な損害賠償は認められていません。

　罰金を徴収する旨または罰金の金額を明示した看板や張り紙を掲示する例がありますが、法的には掲げられた「罰金」を徴収できるわけではありません。看板、張り紙がある場所に迷惑駐輪をしただけでは、車両所有者と土地（建物）の所有者あるいは占有者との間に賠償額の予定（民法420条）の前提となる契約関係が成立したとはみられないからです。なお、仮に契約関係が認められても、実損からかけ離れた違約金合意は公序良俗（同法90条）に反して無効となる可能性が高いでしょう。

　もっとも「罰金」を掲げる看板、張り紙自体は、その法的効力いかんは関係なしに、一定の抑止効果が認められると思います。

5　警察への相談

　残念ながら、私有地への迷惑駐輪自体について警察が真摯な対応をしてくれることはあまり期待できません。しかし、無断で敷地内に侵入し迷惑駐輪する行為は、住居侵入罪や建造物侵入罪（刑法130条）に該当する可能性があります。また、店舗前の迷惑駐輪は、その程度によっては、業務妨害罪（同法233条・234条）が成立する余地もあります。警察が対応すべき事案ともみることはできますので、警察に相談に赴く手間をかけてもいいでしょう。

　運がよければ、防犯登録でわかった所有者に連絡をして指導をしてくれる

こともあるかもしれません。

6　自治体への連絡

　なお、私有地ではなく、自治体管理の土地等や道路にて迷惑駐輪がされている場合には、自治体に連絡をすれば対応をしてくれるはずです。

　これに対し、私有地への迷惑駐輪への対応を自治体に期待することはできません。

Q7　放置自転車をめぐるトラブルと対応

> 　私の敷地に自転車が放置されて困っています。処分してもよいでしょうか。

▶▶▶ Point
① 　放置自転車を勝手に処分すると、損害賠償請求がなされるおそれや、器物損壊罪に問われるおそれがあります。
② 　盗難車や犯罪に関与していた自転車は警察が保管してくれることがあります。拾得物として処理してくれるケースもあります。
③ 　警察が対応してくれない場合には、土地の所有者ないし管理者が、自転車の所有者に撤去を求めるか、処分をしなければいけません。
④ 　土地明渡請求訴訟等を提起し、強制執行をすることは、手間暇・費用がかかりすぎます。
⑤ 　明らかに所有権を放棄したものと認められるケースであれば、放置自転車を廃棄してもリスクは小さいでしょう。

1　放置自転車の処分による生じうるリスク

　放置された自転車といえども、所有者が所有権を放棄していない限り、勝手に処分をするとその所有権を侵害したことになります。民事上は不法行為として損害賠償を請求されるおそれがあります（民法709条）。また、刑事上は、器物損壊罪（刑法261条）に問われかねません。そのため、放置自転車を勝手に処分してはいけません。このリスクから逃れる、またはリスクをできるだけ小さくするためにも次のような手順を踏んで放置自転車を処分することが大切です。

2　放置自転車の処分方法

(1)　所轄警察署への相談

　盗難車や犯罪に関与していた自転車が放置されている場合には警察が車両を移動し保管してくれることがあります。盗難車等に該当しなかったとしても、場合によっては、判明した所有者などに撤去するように警察が働きかけてくれることもあります。そこで、まずは、所轄警察署へ相談しましょう。防犯登録番号を基に盗難車かどうかを確認してもらいます。

　遺失物法の拾得物として警察に相談をすることも考えられます。なお、兵庫県警察のウェブサイト Q&A においては、放置自転車は、①持ち主が後で取りに来るつもりで置いていったもの、②持ち主が捨てたもの、③自転車泥棒が置き去ったもの、④持ち主が酒酔い等により置いた場所を忘れてしまったもの、の四つに分類され、そのうち上記④は拾得物として警察で処理することとなるとされており、分類について判断できない場合は近くの警察署（交番、駐在所）へご連絡ください等と案内されています。

(2)　所轄警察署での対応が困難な場合

　警察が対応してくれない場合には、土地（建物）の所有者ないし占有者が放置自転車の所有者に撤去を求めるか、処分をしなければいけません。

　放置自転車の所有者は容易に判明しません。学校の通学許可シールや駐輪場の契約シールが端緒になるケースもありますが、所有者がわからないままであることも多いです。相手が判明しなければ撤去を求めることはできないので、自転車の処分を検討しなければいけません。不法行為責任（民法709条）あるいは器物損壊罪（刑法261条）のリスクをできるだけ小さくして処理をする必要があります。

(3)　訴訟の検討

　放置自動車の撤去のケースと同様に考えると、放置場所の土地（建物）の所有者あるいは占有者が自転車所有者を被告として土地明渡請求訴訟等を提

起し、勝訴判決を債務名義として強制執行をすることになります。ただし、放置自転車の所有者は容易に判明しませんし、訴訟・強制執行には手間暇・費用もかかりすぎます。法律的には正しい方法なのですが、現実的ではないケースが多いでしょう。

(4)　無主物の帰属の問題としての処理

そこで、無主物の帰属の問題として処理することを考えます。所有権が放棄された自転車であれば、無主物として処分しても問題が生じません。土地（建物）の所有者あるいは占有者が無主物先占（民法239条1項）により当該自転車の所有権を取得して廃棄をすることになるでしょう。同項は、「所有権のない動産は、所有の意思をもって占有することによって、その所有権を取得する」と定めます。「所有権のない動産」とは、所有者のないことが明らかであり、遺失物法の定める公告手続による必要がないと認められる物です。所有権が放棄された物も含まれます。

明らかに所有権を放棄したものと認められるケースであれば、放置自転車を自己の所有物として廃棄をしても問題となるリスクは小さいでしょう。もちろん、単なる放置された自転車だというだけでは所有者が自転車の所有権を放棄したとは認められません。自転車の状況・価値や放置場所・状況などからみて社会通念に従って明らかに所有権を放棄したものと認められるかが判断されます。たとえば、サドルが破れたままの状態であること、パンクしたまま、ブレーキワイヤーの断線、車体の著しい錆がある状態であることなどは所有権放棄の方向にプラスの材料となるでしょう。加えて、自転車に、「所有者の方は○月○日までに自転車を撤去してください。○月○日を経過しても本通知が張られたままであれば撤去します」等の張り紙をして、長期間連絡等が来ず張り紙がそのまま残っている状態があれば、所有権放棄が認められる可能性が高まるでしょう。後日紛議が生じたときのためには、それらの状況はすべて写真撮影（日付入り）あるいはビデオ撮影にて証拠化して残しておく必要があります。

　なお、警察が放置自転車を遺失物として扱ったことに対して遺失物認定処分取消等請求がなされたという特殊な案件において所有権の放棄があったかどうかが判断された裁判例があります。「東大宮駅西口附近路上において」発見された自転車が、「車体全体に錆が生じ、ブレーキ系統の部品が欠損してブレーキが作動せず、後輪からタイヤがはずれかかっており、またスタンドのバネも欠損していたことが認められ」ましたが、「右事実のみをもってしては、本件自転車が……かつての所有者が、その所有権を放棄した無主物であると認められない」とした例です（浦和地裁昭和58年12月19日判決・判時1109号125頁）。この事例で裁判所は所有権の放棄を否定しましたが、土地（建物）所有者が、処分の責任を問われるケースであったならば判断を異にした可能性もある自転車の状態でした。仮に、私有地に放置された自転車であれば上記の状況で十分所有権を放棄したとみられる、あるいは私有地所有者がそう判断しても過失はなく処分をしても責任を問われないということになるのではないでしょうか。

Q8 盗難自転車をめぐるトラブルと対応

> 自転車が盗難に遭いました。これからどうしたらよいのでしょうか。

▶▶▶ Point

① 自転車を利用する際には必ず防犯登録をしておきましょう。

② 速やかに近くの警察署、交番、駐在所に届け出ましょう。

③ 盗難届が受理された段階で、盗難された物品が警察署のデータベースに登録され、全国的に情報共有されます。

④ 盗難自転車が発見されると、警察から電話がかかってきます。指定の保管所に向かい、自転車を受け取りに行きます。

⑤ 盗難自転車を自力で発見した場合は警察の立会いを求めましょう。

⑥ 盗難自転車が転売されていた場合は盗品回復請求権の制度が用意されています。

1 防犯登録

　自転車を利用する際には必ず防犯登録をしておきましょう。自転車防犯登録所の指示のある自転車販売店またはホームセンターなどで行うことができます。盗難自転車を見つけるには、車体を特定できる「防犯登録番号」の確認が必要です。防犯登録番号は、防犯登録を行ったときに付与される12桁の番号で、「自転車防犯登録甲カード」で確認できます。

　なお、防犯登録は、自転車の盗難保険の加入条件となっております。

2 盗難届の提出

　万が一、自転車の盗難被害に遭ってしまったときは、速やかに近くの警察

署、交番、駐在所に届け出ましょう。

　防犯登録番号・車体番号など自転車の特徴がわかる書類（防犯登録カード）、認印、身分証明書を持参してください。車体の色や形状、販売メーカー、購入価格、購入日時といった情報も必要となります。また、盗難届を作成する際、日時・場所・状況の三つを記入する必要があります。時間が経つと忘れてしまう可能性があるため、早めに届け出るようにしてください。

　盗難被害を届け出ると、「盗難届出証明書」が発行されます。これは、保険申請等に利用します。

③　全国的な手配

　盗難届が受理された段階で、盗難された物品が警察署のデータベースに登録され、全国的に情報共有されます。迷惑駐輪あるいは放置自転車として警察に盗難届の有無が照会されたり、警察官の職務質問において防犯登録が確認されるなどの契機により盗難車両が発見されます。

　盗難届を出したからといって、自転車が確実に発見されるわけではありません。しかし、警察庁「令和元年の刑法犯に関する統計資料」によると、令和元年の自転車盗の還付率（還付件数／認知件数）は約52.3％となっており、自転車が戻ってくる可能性は小さくありません。

④　自転車の発見

　盗難自転車が発見されると、警察から電話がかかってきます。指定の保管所に向かい、自転車を受け取りに行きましょう。すでに自治体によって放置自転車として盗難自転車の撤去・保管がなされていた場合、撤去日前に警察署へ盗難届が提出されていることが撤去・保管料の免除の条件となっています。

　すでに盗難保険を使っていた場合には、盗難保険から補償金を受け取った段階で、その自転車の所有権は保険会社に移っています。もっとも、支払わ

れた補償金を保険会社に返還すれば所有権は戻ってきます。

5　自力で発見した場合

　盗難自転車を自力で発見した場合（近所に放置されていた場合などが想定できます）、安易に持って帰るのは自力救済禁止の観点からあるいは安全の面から好ましくありません。警察の立会いを求めましょう。まだ犯人が自転車を使用していそうな状態であれば、そのままにして警察に連絡をしましょう。

　なお、警察に盗難自転車の手配を解除してもらってください。登録をそのままにしておくと職務質問時などに盗難自転車に乗っていると誤解され、面倒に巻き込まれかねません。

6　第三者に転売されていた場合

　盗難自転車が事情を知っている第三者に転売されていても返還を求められるのは当然ですが、善意無過失の第三者に転売されていた場合でも盗難の時から2年間は占有者に対しその物の回復を請求することができます（民法193条）。本来は善意無過失の第三者に対しては返還を求められないのですが（同法192条）、特別に認められる盗品回復請求権の制度です。

　ただし、その占有者が盗品を競売、公の市場、同種の物を販売する商人から取得していた場合には、代価を弁償しなければ返還がなされません（民法194条）。

　もっとも、占有者が古物商の場合には、仮に公の市場や同種の物を取り扱う業者から善意で譲り受けていたとしても1年間は無償で返還に応じる必要があります（古物営業法20条、質屋営業法22条参照）。

Q9　シェアリング自転車の利活用と責任

最近、「シェアリング自転車」や「シェアサイクル」いった言葉を耳にするようになりました。これはどのようなサービスなのでしょうか。また、予約や支払いはスマートフォンを利用するようですが、サービスを使用する際に注意すべき点があるでしょうか。

▶ ▶ ▶ Point

① シェアリング自転車は、国の自転車活用推進計画において、普及を促進させることになっています。

② シェアリング自転車の事業体は、地方公共団体であったり民間企業であったりとさまざまであり、サービス内容も一律ではありません。

③ シェアリング自転車利用時の事故に対する保険についても、事業者ごとに内容が異なります。

④ シェアリング自転車はインターネットを通じて貸出をするため、インターネット通販と同様のトラブルを想定しておく必要があります。

1　シェアリング自転車と自転車活用推進計画

　自転車活用推進法は、自転車の活用の推進に関して基本理念を定め、国の責務等を明らかにし、自転車の活用の推進に関する事項を定めることなどを目的として制定されたものです。

　この法律では、政府が自転車の推進に関する目標等を定めた自転車活用推進計画を定めることとされ、令和3年5月に発表された自転車活用推進計画においては、自転車交通の役割拡大による良好な都市環境を整備することを目的として、「公共的な交通であるシェアサイクルと公共交通機関との接続

強化や、サイクルポートの設置促進等により、シェアサイクルの普及を促進する」、「シェアサイクルの運営、地方公共団体における自転車活用推進計画策定等の効率化・高度化に向けて、情報通信技術の活用を推進する」ことを実施すべき施策として掲げています。

② シェアリング自転車のサービス提供方法

　従来から、観光地などで貸自転車のサービスがありましたが、これは店舗等で有人で運営されていました。現在のシェアリング自転車の貸出方法は、インターネット等の情報通信技術を活用し、貸出や返却の手続をスマートフォンなどで行う無人型のサービスが一般的となっています。

　また、国は現在、MaaS（Mobility asa Service）と呼ばれるサービスを推進しています。これまで電車やバス、飛行機など複数の交通機関を乗り継いで移動する際、それらを跨いだ移動ルートは検索可能であっても、予約や運賃の支払いは各事業者に対して個別に行う必要がありました。MaaS はインターネットを利用することで、交通手段の検索→予約→支払いを一度に行えるようにするものです。そして、MaaS には、シェアリング自転車も交通手段の一つとして掲げられています。

③ シェアリング自転車の事業体

　シェアリング自転車は、公共交通機関の一つとして、一部の自治体が普及の促進に取り組んでいます。自治体と民間事業者が協定や契約を締結することにより、民間事業者に業務を委託することも少なくありません。また、民間事業者が独自の収益事業として実施する例もあります。事業体に応じて提供されるサービスの内容もさまざまです。

④ シェアリング自転車と保険

　シェアリング自転車の事故については、衝突した相手に発生した対人・対

物の損害賠償と運転者自身のけがに対する補償が想定されます。事業者は、損害を補償する保険に加入していますが、事業体ごとに保険の内容は異なるため、損害のすべてがカバーされるとは限りません。シェアリング自転車を利用する際は事前に事業者が加入しているサービス内容や保険の内容を確認しておきましょう。

　事業者が提供する保険が使用できない場合や、保険の補償内容が十分ではない場合は、利用者自身が個人賠償責任保険や傷害保険に加入する必要があります（Q15参照）。

　シェアリング自転車はインターネットを通じて申込みをするために、事前にサービス内容をスタッフが説明をすることはありません。自分自身で責任をもって確認しましょう。

5　その他の注意点

　シェアリング自転車は、インターネットを通じて自転車の貸出と返却を行いますので、インターネット通販と同様のトラブルが起こる可能性があります。たとえば、借りた自転車に整備不良があることに気づいたときなどは、有人の店舗での貸出と異なり、すぐにトラブルに対応してもらえない可能性がありますので、注意して利用しましょう。

Q10 シェアリング自転車の法的な規制

「シェアリング自転車」のサービスを提供する事業者が複数あって、サービス内容もさまざまであるため、どの事業者のサービスを選べばよいのか迷っています。シェアリング自転車のサービス提供について法的な規制があるのでしょうか。

▶▶▶ Point

① シェアリング自転車のサービス提供を規制する法律はありません。

② シェアリング自転車のサービスには、レンタカー業と異なり、公的な許可の制度がありません。

③ サービス普及のためには、公的用地へのポートの設置の促進が考えられます。

④ ポートレス型サービスについては、放置自転車の増加といった問題が指摘されています。

1 シェアリング自転車に関する法的な規制

　シェアリング自転車のサービス提供に関しては、特別な法的規制は存在しません。サービスの提供を開始する際にも、レンタカー業のような許可制度（自家用自動車有償貸渡業の許可）のような規制がありませんので、新規参入に障壁がない状態です。

　しかし、シェアリング自転車事業における問題事例も発生しています。海外においては、事業者が突然撤退したことにより、利用者が事業者に預けていた保証金が返還されなかったり、事業者によって放置された自転車を自治体が処分する必要に迫られたりといった問題が発生しています。日本におい

ても、平成29年に日本に進出した中国資本の事業者が令和2年に撤退した例
で、一部の自治体に対して事業者から撤退の連絡がなされないなどの混乱が
生じました。

　このため、シンガポールやポルトガルなどでは、シェアリング自転車事業
にライセンス制度を導入しています。ルールに違反した場合には、事業者が
罰金を課せられたり、ライセンス自体を取り消されたりする制度となってい
ます。

　日本では、現在のところライセンス制度の導入といった新規参入制限を設
ける動きはありませんが、今後は諸外国の動きに合わせて規制がなされる可
能性があるといえます。

② サイクルポートの設置に関する規制

　シェアリング自転車を借りたり返したりする場所を「シェアリングポー
ト」といいます。シェアリングポートで借りて、目的地近くのポートに返却
する形態を「ポート型サービス」といいます。利用者にとっては自転車に乗
れるまたは自転車から降りるシェアリングポートは多いほうが利便性が増し
ます。シェアリング自転車の普及を促進するためには、シェアリングポート
の増設が不可欠です。

　海外では、道路上などの公共用地にサイクルポートが設置される事例が多
いのですが、日本では道路交通法などにサイクルポートの位置づけがないた
め、道路上へのサイクルポートの設置が進んでいません。公園においても、
都市公園法にサイクルポートを設置できる旨の明文規定がないことから、許
可できないと考えている自治体が少なくありません。公共用地へのサイクル
ポートの設置が進むような法整備が求められます。

③ ポートレス型サービスの問題

　海外では「ポートレス型サービス」という形態が存在します。サイクル

ポートが存在せず、利用者はいつでもどこでも自転車の利用、乗り捨てが可能です。スマートフォンの専用アプリ等で自転車の貸出、返却の管理をするもので、利用者にとっては大変便利なサービスです。このため世界各地に拡大しています。しかし、一方で、「ポートレス型サービス」に対しては、無秩序な駐輪、路上への自転車の放置、自転車の破壊・盗難の増加といった問題も指摘されています。

　日本ではポート型のサービスが中心であり、海外で発生しているポートレス型サービスの問題は今のところ発生していません。しかし、ポートレス型サービスに対する法的規制がないため、同様の問題が発生する可能性もあります。今後ポートレス型サービスが導入される際には、行政による監督の強化、ライセンス制度の導入、新規参入業者数の制限による自転車総数の制限などがなされることも予測されます。

Q11　フードデリバリーサービスの利用と事業者の責任

　最近、インターネットで料理を注文して自宅に届けてもらうフード
デリバリーサービスが急速に広まっています。飲食店の従業員ではな
い人が配達をしているようですが、注意しなければならないことがあ
るでしょうか。

▶ ▶ ▶ Point

① **自転車で宅配をしている配達員の多くは、フードデリバリープラット
フォーム事業者との間で雇用契約ではなく、業務委託契約や請負契約を締
結していることが少なくありません。**

② **配達員の業務の実態によっては、フードデリバリープラットフォーム事
業者に対して使用者責任を問うこともできます。**

③ **その他、配達員は飲食店の従業員でもないことから、配達された商品に
間違い等があったときにも迅速に対応してもらえない可能性があります。**

1　フードデリバリーサービス

　これまでも、ラーメン店や蕎麦屋の出前やピザの宅配といった食事の配達
サービスはありましたが、最近ではフードデリバリーサービスと呼ばれるイ
ンターネットを使用した食事の配達サービスが急速に普及しています。フー
ドデリバリーサービスにはさまざまな形態があり定義づけは難しいのです
が、Uber や出前館といった代表的なサービス業者は、フードデリバリープ
ラットフォーム事業という形態でサービスを提供しています。これは、フー
ドデリバリープラットフォーム事業者自身が調理や配達を行うのではなく、
調理をする飲食店に注文を取り次ぎ、飲食店と配達員をマッチングし、マッ

チングされた配達員が飲食店から料理を受け取り、注文者である消費者に料理を届けるというものです。

2 フードデリバリープラットフォーム事業者と配達員の関係

　フードデリバリープラットフォーム事業者と配達員は、正社員・パートタイマー・アルバイトといった雇用契約ではなく、業務委託契約や請負契約といった形態をとることが多いです。その場合、フードデリバリープラットフォーム事業者と配達員は雇用主と従業員といった関係にありません。たとえば、Uber のウェブサイトに掲載されている「Uber の法務」には、「貴殿は、Uber がデリバリー等サービスを提供するものではなく、全ての当該デリバリー等サービスは Uber 又はその関連会社により雇用されていない独立した第三者との契約者により提供されることを了承することとします」とあります（最終閲覧日令和3年11月5日現在）。

　このため、形式上は、フードデリバリープラットフォーム事業者は配達員が配達中に起こした事故については使用者責任を負わないようにも読めます。

3 フードデリバリープラットフォーム事業者の責任

　民法では「ある事業のために他人を使用する者は、被用者がその事業の執行について第三者に加えた損害を賠償する責任を負う」（民法715条）とされています。これを使用者責任といいます。そして、この「ある事業のために他人を使用する」関係は、必ずしも雇用関係に限定されません。判例上「元請人が下請人に対して指揮・監督する権利を保有し、両者にあたかも使用者・被用者のような関係が存在する場合」にも認められています（大審院昭和11年2月12日判決・新聞3956号17頁）。このため、フードデリバリープラットフォーム事業者が配達員に指揮・監督をするといった事情があれば、配達員が配達中に起こした事故について、フードデリバリープラットフォーム事

業者が使用者責任を負う可能性があります。

4　その他フードデリバリーサービス利用の注意点

　フードデリバリーサービスにおいて、売買契約の相手方はフードデリバリープラットフォーム事業者ではなく、飲食店等となります。このため、商品に問題があった場合（たとえば、商品の間違いや容器の破損などの場合）に、配達員やフードデリバリープラットフォーム事業者に苦情を申し入れても迅速に対応されない可能性があります。

　また、フードデリバリープラットフォーム事業者と配達員は雇用関係にないことから、配達員の交通ルール違反についてフードデリバリープラットフォーム事業者の指導や監督が行き届きにくいケースが考えられます。このように、フードデリバリーサービスにおいては、トラブル発生時に責任の所在が不明確になる傾向にあるといえるでしょう。

Q12　自転車の盗難対策

自転車の盗難対策について教えてください。

▶▶▶ Point

① **防犯対策がしっかりとられている駐車場・駐輪場を利用するようにしましょう。**

② **自転車から離れるときは必ず鍵をかけましょう。補助錠も使用しましょう。**

③ **防犯カメラや、人感センサーライトの設置も防犯対策です。**

④ **自転車防犯登録も防犯対策の一つとしてあげられています。**

⑤ **高価な自転車は、自転車用の盗難保険に加入しておきましょう**

1　自転車の盗難件数

　自転車窃盗は身近な犯罪の一つです。警察庁「令和元年の刑法犯に関する統計資料」によると、令和元年の自転車盗の認知件数は16万8703件です。平成29年までは20万件、平成25年までは30万件を超えていました。東京都内の令和2年中の自転車盗の認知件数は2万3392件（警視庁ウェブサイト「東京の犯罪〔令和2年版〕」）、大阪府警察の令和2年中の自転車盗の認知件数は1万8677件（大阪府警察ウェブサイト「自転車盗の現状」）です。

　また、近時は、自転車ブームが起きており、1台数十万円もする自転車が愛好家によって購入されています。盗難による財産的損害が大きくなるケースもあります。

2　自転車盗の発生場所

　警察庁「令和元年の刑法犯に関する統計資料」によると、令和元年の自転車盗の発生場所として住宅が約31.3％を占めており、住宅に駐輪していても安全ではないことがわかります。また、同統計資料では、自転車盗の認知件数のうち約38.9％は「施錠あり」での発生となっており、施錠をしているケースでも万全ではなないことがわかります。

3　駐輪場所

　なるべく人目につくところに駐輪し、盗みにくい状況をつくりましょう。施錠をしている自転車を盗むには工具を利用しなければならないなど、人目がある場所では盗みにくいことはおわかりだと思います。人気のない路地裏や塀や樹木の死角になっているような駐輪場は避けましょう。

　また、防犯対策がしっかりとられている駐車場・駐輪場を利用するようにしましょう。警視庁ウェブサイト「『自転車盗』の防犯対策」では、安易に人が入場できない構造で、車体をつなぐ固定物があり、さらにロックがかかる設備がある場所、フェンス等が設置してあり、夜間でも照明設備で明るさと見通しが確保されている場所、管理人が常駐している、または防犯カメラが設置されている場所が例示されています。

4　施　錠

　わずかな時間でも自転車から離れるときは必ず鍵をかけましょう。住宅の敷地内や駐輪場でも必ず鍵をかけなければいけません。柱などの物理的に動かないものにチェーンでつなぐことも有効です。

　また、前述のとおり、施錠をしているからといって安心はできません。常設のキーのほかに防犯性の高い補助錠を使用し、わずかな時間であっても必ずダブルロックすることにより、防犯効果を高めましょう。鍵が複数あれば

切断に時間がかかるため犯人が標的からはずす可能性が高まります。

　警視庁ウェブサイト「『自転車盗』の防犯対策」においては、補助錠として、シリンダー式馬蹄錠（鍵穴部分がシリンダー式で不正な開錠に対し効果がある）、U字ロック（ワイヤー錠に比べ、開錠に時間を要するため盗難防止効果が高い）、ジョイントワイヤー錠（イヤー＋スチールジョイント＋カバーの三重構造になっているのが一般的で、ジョイントにより太くなるため、破壊されにくい）が紹介されています。

5　防犯カメラ・人感センサー

　前述のとおり住宅での窃盗件数がかなり多くなっています。住宅に防犯カメラを設置することで住宅での自転車盗難を防ぐ効果が期待できます。また、駐輪場に人や物に反応して自動的にライトが点灯される人感センサーライト等を設置することも防犯対策になります。

6　自転車防犯登録

　自転車防犯登録も防犯対策の一つとしてあげられています。

7　自転車用の盗難保険

　自転車盗は完全には防ぐことはできません。高価な自転車の場合には、自転車用の盗難保険に加入しておきましょう。無施錠での盗難は補償されませんので、施錠の習慣をきちんと身に付けておきましょう。

Ⅳ　自転車事故による法的責任

Q13　交通事故による法的責任

> 　自転車を運転中に、歩行者に衝突事故を起こしてけがをさせてしま
> いました。事故によって法律上、どのような責任や義務が発生するの
> でしょうか。

▶ ▶ ▶ Point

① 　**自転車事故であっても、交通事故を起こしたときには、警察に報告する義務、被害者を救護する義務、道路の安全を確保する義務が生じます。**

② 　**自転車運転中の事故により生じる責任には、対人・対物の損害賠償責任といった民事上の責任、懲役・禁錮・罰金といった刑事上の責任、自動車運転免許の停止などの行政上の責任があります。**

③ 　**民事上の責任では、運転者のほか、運転者が未成年の場合には親の責任、従業員であれば勤務先の責任が問題になることがあります。また、被害者の近親者からも責任を追及されることがあります。**

1　事故発生直後の道交法上の義務

　自転車による事故であっても、交通事故を起こしたときには、直ちに運転を停止して、負傷者を救護し、道路における危険を防止するなどの必要な処置を講じなければなりません（救護義務。道交法72条）。また、運転者は警察官に事故が発生した日時、場所、死傷者の数、負傷者の負傷の程度、損壊した物や損壊の程度、事故について講じた措置などを報告しなければなりません（報告義務。同法72条）。

　被害者にけががない場合やけがが軽い場合でも、また被害者が「警察を呼ばなくても大丈夫」と言っている場合であっても救護義務や報告義務を免れることはできません。警察への報告をしておかないと、後になって報告義務違反や救護義務違反として処罰される可能性があります。自動車事故のケースではよく起きるケースです（Q24参照）。

② 事故により発生する法的責任

　自転車運転中の事故により発生する責任は、民事上の責任・刑事上の責任・行政上の責任の三つの分野に分けて考えられます。

⑴ 民事上の責任

　被害者の死傷やモノの損壊を金銭で賠償する、対人・対物の損害賠償責任といった民事上の責任があります（Q17・Q18参照）。

⑵ 刑事上の責任

　被害者がけがをした場合には過失傷害罪（刑法209条。30万円以下の罰金）、被害者が亡くなった場合には過失致死罪（同法210条。50万円以下の罰金）といった刑事上の責任が発生します。過失の程度が重い場合には、重過失致傷罪（同法211条後段。5年以下の懲役もしくは禁固または100万円以下の罰金）を問われる可能性もあります。なお、業務上過失致傷（同条前段）には原則として該当しないとされています。

　その他、道路交通法上の義務に違反した場合にも懲役・禁錮・罰金が科されることがあります（Q57・Q58参照）。

⑶ 行政上の責任

　自転車の運転には運転免許は不要です。このため、交通違反の点数制度や、交通反則通告制度といった行政処分は自転車事故には適用されません。

　ただし、自転車の危険な運転で事故を起こした場合には、運転者自身が有する自動車運転免許の免許停止処分や免許取消処分を受ける可能性があります（道交法103条1項8号）。

　また、14歳以上の自転車運転者が3年以内に2回以上繰り返して自転車の危険な交通違反で取締りを受けたり事故を起こしたりしたときは、自転車運転者講習を受講するよう義務づけられることがあります（道交法108条の3の5。Q59参照）。

③　民事上の責任追及に関する当事者

　被害者のけがや死亡、モノの損壊についての損害賠償責任は、民法の不法行為責任（民法709条）を根拠に追及されるのが通例です。この場合、損害賠償責任を負うのは原則として自転車運転者自身となります。

　もっとも、自転車運転者が責任能力のない子どもで不法行為に基づく損害賠償責任を問えない場合には、その監督義務者（通常は親権者）が損害賠償責任を負う可能性があります（民法714条。Q17参照）。

　また、会社の従業員が仕事中に事故を起こした場合は、事故を起こした従業員だけではなく会社にも使用者責任として損害賠償責任が発生することがあります（民法715条。Q17参照）。

　一方、事故による損害は被害者だけに発生するとは限りません。被害者が死亡した場合や重い後遺障害を負った場合には、被害者の近親者にも損害が発生したとして、近親者に対しても慰謝料などの損害賠償責任を負う可能性があります（民法711条。Q17参照）。

Q14　損害賠償の高額化（損害賠償額の算定方法）

> 　歩道を歩いているときに、歩道を走っていた自転車と衝突して大けがを負いました。自転車運転者に損害賠償を請求したいのですが損害賠償額の算定方法は自動車事故の場合と同じなのでしょうか、それとも自転車の場合は自動車の場合よりも低額になるのでしょうか。

▶ ▶ ▶ Point
① 　自転車事故であっても、交通事故による損害賠償額の算定は、自動車事故の場合と同じ考え方で行われます。
② 　人身事故の場合には、治療費、入通院費用、休業損害、逸失利益、慰謝料などを請求することができます。
③ 　物損事故の場合には、自転車の修理費用などを請求することができます。
③ 　被害者が死亡した場合や重い後遺障害を負った場合には、自動車の交通事故の場合と同様に損害賠償額が高額になる可能性があります。

1　自転車事故の損害賠償額の算定方法

　自転車による事故であっても、交通事故による損害賠償額の算定は、自動車による交通事故の場合と同じ考え方で行われます。

　ただし、自転車事故は自動車事故と違って自賠責保険制度がありませんので、損害保険会社を通じて後遺障害の等級認定を受けることができません。このため、後遺障害の有無や程度の判断は自動車事故の場合より困難になる可能性があります。

② 人身事故の場合

　人身事故の場合の損害額の算定は、次の項目によることが通例です（Q18参照）。

⑴ 積極損害

　積極損害とは、交通事故によって、被害者が出費を余儀なくされた費用が主に該当します。治療費、入院費、通院のための交通費、装具や器具（コルセット、車いす、義足など）の購入費などがあげられます。また被害者が亡くなった場合には葬儀費用も積極損害として認められます。

⑵ 消極損害

　交通事故によって、仕事を休むことを余儀なくされたり家事ができなくなったりしたことを損害とする休業損害、後遺障害による労働能力喪失が原因で本来得ることができたはずの利益を失ったことを損害とする逸失利益などが消極損害に該当します。また被害者が亡くなった場合には、死亡による逸失利益も消極損害として認められます。

⑶ 慰謝料

　慰謝料は、交通事故によって受けた精神的な苦痛を金銭に換算するものです。慰謝料には、入通院慰謝料、後遺障害慰謝料、死亡慰謝料などがあります。

③ 物損事故の場合

　交通事故により破損した眼鏡などの携行品が損害賠償の対象となります。また自転車同士の事故の場合には、自転車自体の修理費用なども損害賠償の対象となります。

④ 損害賠償の高額化

　最近では、自転車による交通事故の場合にも、1億円近い損害賠償額を認

める裁判例が報道されるようになりました。

　神戸地裁平成25年7月4日判決・判時2197号84頁は、11歳の小学生が夜間、歩道と車道の区別のない道路において自転車を運転中に、歩行中の62歳の女性に衝突し、被害者が頭がい骨骨折等の重症を負い、寝たきりで意識が戻らない後遺障害を負った事案です。裁判所は、事故を起こした小学生の責任能力はなかったとしましたが、唯一の親権者であった母親が監督者責任を負うものとして、総額9521万円の損害賠償責任を命じました。

　この判決では、重い後遺障害が残ったことによる逸失利益と慰謝料が損害賠償額の高額化の要因となっています。

　また、東京地裁平成20年6月5日判決・自保ジャーナル1748号2頁は、男子高校生の運転する自転車と会社員（24歳）の運転する自転車が衝突した自転車同士の事故ですが、被害者の会社員は言語機能の喪失、右上肢機能全廃、右下肢機能全廃の後遺障害を負うことになりました。裁判所は、事故を起こした高校生に総額9266万円の損害賠償責任を命じました。

　この判決では、被害者にも一定の落ち度を認め被害者の過失割合を50％としながらも、結果として重い後遺障害が残ったことによる逸失利益と慰謝料が損害賠償額の高額化の要因となっています。

　このように、被害者が死亡に至らないケースでも後遺障害が重い場合、特に被害者の年齢が比較的若い場合には、損害賠償額が高額化する可能性があります。

Q15 自転車損害賠償責任保険

私の小学生の子どもは学習塾へ通うのに自転車を利用しています。自転車による交通事故でも相手にけがを負わせたら高額の損害賠償責任を負うことがあると聞きました。自転車事故に適用される保険はどのようなものがあるのでしょうか。

▶ ▶ ▶ Point

① **自転車には自動車と違って自賠責保険制度がありません。**

② **自転車運転者が加害者となった場合に、被害者に対する損害賠償責任をカバーする保険は、個人賠償責任保険です。**

③ **自転車事故で自分がけがをした場合に備える保険は、傷害保険です。**

④ **TS マークが貼付された自転車には、賠償責任保険と傷害保険が付いています。**

1 自転車運転者に対する強制保険制度がないこと

　自動車、二輪自動車、原動機付自転車を運行する際には、自賠責法によって、損害賠償責任をカバーする自賠責保険に加入することが義務づけられています。これは、自動車による交通事故の被害者を救済することが目的です。ただし、対象は対人賠償に限られ、事故を起こした運転者自身のけがには適用されず、車の損害やガードレールの損害などの物損事故も対象外です。また、対人賠償も被害者1名について死亡・後遺障害が3000万円まで、傷害は120万円までと上限があります。

　一方、自転車には自賠責保険がないため、加害者が任意保険に加入していないと被害者は損害賠償を受けることができない可能性があります。特に、

自転車は子どもや就労前の学生でも加害者になり得ますので、加害者あるいは被害者になりうることを考えて、任意保険に加入する必要性は高いと考えられます。

② 個人賠償責任保険

　自転車を運転中に交通事故を起こし、他人に損害を与えた場合に発生した損害をカバーする保険としては、個人賠償責任保険があります。この保険は、事故の被害者の生命・身体の損害、財産の損害を補償するものです。

　個人賠償責任保険は、自転車保険といって自転車運転中に発生した損害を目的として単独で販売されるものもありますが、通常は、自動車保険、火災保険、傷害保険などの特約（個人賠償責任特約）としてセットで加入することが多くなっています。また、個人賠償責任保険は自転車事故に限らず日常生活における事故（買い物中に商品を壊した、飼い犬が他人にかみついてけがをした）も補償の対象となります。

③ 傷害保険

　傷害保険は、自転車事故によって、自分自身に発生したけがを補償する保険です。自分が自転車を運転中に他人が乗っている自転車と衝突して自分自身がけがをした場合に限らず、自転車で転倒して自分がけがをした場合も補償の対象となります。

　傷害保険も、自転車保険として自転車運転中に発生した損害を目的として単独で販売されるものもありますが、自動車保険の特約（自転車傷害特約）として加入するものも多くなっています。

④ TSマーク

　TSマークとは、自転車安全整備士が点検確認した普通自転車に貼付されるものです。TSマークには、青色マーク（第一種）と赤色マーク（第二種）

があります。TSマークには、賠償責任補償と傷害補償と被害者見舞金（赤色マークのみ）が付いています。

(1)　賠償責任補償

TSマークが貼付されている自転車に搭乗中の人が第三者に死亡または重度の後遺障害を負わせたことにより、法律上の損害賠償を負った場合に責任を補償するものです。

死亡もしくは重度後遺障害（1級から7級）の場合、青色TSマークは1000万円、赤色TSマークは1億円まで支払われます。

(2)　傷害補償

TSマークが貼付されている自転車に搭乗中の人が、交通事故の日から180日以内に入院、死亡または重度後遺障害を負った場合に支払われるものです。

死亡もしくは重度後遺障害（1級から7級）の場合、青色TSマークは30万円、赤色TSマークは100万円が支払われます。入院（15日以上）の場合、青色TSマークは1万円、赤色TSマークは10万円が支払われます。

(3)　被害者見舞金

TSマークが貼付されている自転車に搭乗中の加害者が被害者に障害（入院加療15日以上）を負わせ、法律上の損害賠償責任を負担した場合に支払われるものです。赤色TSマークのみ10万円が支給されます。

5　事業主の保険

従業員が個人で個人賠償責任保険に加入していても、業務で自転車を運転中に起こした事故は個人賠償責任保険では補償されません。このため、事業主は、施設賠償責任保険等の対人・対物への損害賠償を補填する保険への加入を検討する必要があります。

Q16　条例での義務化

　自転車での交通事故でも高額の損害賠償責任が発生する可能性があるのであれば、自転車運転者に対して損害賠償責任を補塡する保険への加入を法令で義務づけることはできないのでしょうか。また、自転車版の自賠責保険制度が創設される予定はあるのでしょうか。

▶▶▶ Point

① **国は、自転車活用推進法に基づく自転車活用推進計画において、都道府県に対して自賠責保険等への加入を義務づける条例の制定を促進するとともに、利用者等に対して情報提供を強化していくことを目標としています。**

② **自転車版の自賠責保険制度については、自動車活用推進法に基づき設置された「自転車の運行による損害賠償保障制度のあり方等に関する検討会」が実施されていますが、当面は制度を導入しない方針です。**

1　条例による自賠責保険等への加入義務づけ

　自転車活用推進法は、極めて身近な交通手段である自転車の活用による環境への負担の低減、災害時における交通の機能の維持、国民の健康の増進等を図ることが重要な課題であることを鑑み、自転車の活用の推進に関して基本理念を定め、国の責務等を明らかにし、自転車の活用の推進に関する事項を定めることなどを目的として制定されたものです。

　この法律では、政府が自転車の推進に関する目標および自転車の活用の推進に関し講ずべき必要な法制上または財政上その他の措置を定めた自転車活用推進計画を定めることとされ、令和3年5月に発表された自転車活用推進

計画においては、自転車事故のない安全で安心な社会の実現のため、都道府県等に対して自転車損害賠償責任保険等への加入を義務づける条例の制定を促進するとともに、利用者等に対して情報提供を強化することにより自転車損害賠償責任保険等への加入を促進することとしています。

　具体的な指針としては、自転車損害賠償責任保険等への加入率が、令和2年度実績で59.7％であるところ、令和7年度には75％とすることを目標にしています。

　また、目標達成のための具体的な措置としては、次の項目を掲げています。

①　都道府県等に対し、「自転車損害賠償責任保険等への加入促進に関する標準条例」（平成31年2月22日・自活推第47号・自転車活用推進本部事務局長通知）を活用する等により、自転車損害賠償責任保険等への加入を義務づける条例の制定を促進する。

②　ポスター・チラシ・ウェブサイト等により、国民に対する自転車損害賠償責任保険等への加入の必要性等に関する情報提供を行う。

③　企業の従業員等の自転車損害賠償責任保険等への加入を促進するため、経済団体等を通じた広報啓発等を行う。

④　自転車小売業者等に対し、自転車購入者に自転車損害賠償責任保険等への加入状況を確認し、加入の必要性等について説明するよう働きかけを行う。

② 標準条例の内容

　国は、都道府県と政令指定都市に対し、各地方公共団体が自転車損害賠償責任保険等への加入促進を図るにあたって定める条例の雛型（標準条例）を策定しています。

　主な記載事項としては、①自転車利用者、保護者、事業者、自転車貸付業者を対象として、自転車損害賠償責任保険等への加入を義務づけること、②

自動車小売業者、事業者、自動車貸付事業者が、それぞれ自転車の購入者、従業員、自転車の借受人が自転車損害賠償責任保険等へ加入しているか否かを確認するよう努めること、③都道府県や学校設置者が自賠責保険等に関する情報を提供すること、とされています。

③　条例の制定状況

条例での自転車損害賠償責任保険等への加入の義務づけは、平成27年10月に兵庫県が最初に開始しました。

令和3年4月1日現在、自転車損害賠償責任保険等への加入を義務づけているのは22都道府県（宮城県、山形県、群馬県、埼玉県、東京都、神奈川県、山梨県、長野県、静岡県、愛知県、三重県、滋賀県、京都府、大阪府、兵庫県、奈良県、愛媛県、福岡県、熊本県、大分県、宮崎県、鹿児島県）、政令指定都市は2市（千葉市、岡山市）となっています。

また、努力義務としているのは10都道府県（北海道、青森県、茨城県、千葉県、富山県、和歌山県、鳥取県、徳島県、香川県、高知県）となっています。

④　自転車版自賠責保険制度の検討

自転車版の自賠責保険制度の導入については、自動車活用推進法に基づき設置された「自転車の運行による損害賠償保障制度のあり方等に関する検討会」が平成31年に実施されています。この検討会においては、市町村に自転車を登録する事務負担が増えること、自転車版の自賠責保険の補償内容では補償額が十分とはいえず任意保険にも加入する必要があること、自転車販売価格が上昇することなど、自転車版の自賠責保険制度の導入により自転車の普及を阻害することが懸念される一方、条例による加入義務化に一定の効果がみられることから、当面は制度を導入せず、都道府県に対して自転車損害賠償責任保険等への加入を義務づける条例の制定を促進するとともに、利用者等に対して情報提供を強化する方針です。

Q17　交通事故の損害賠償責任

　自転車で引き起こした交通事故の加害者が負う損害賠償責任とはどういうものなのでしょうか。

▶ ▶ ▶ Point
① 交通事故の加害者が負う損害賠償責任は、不法行為責任です。
② 損害賠償の範囲は事故と相当因果関係ある損害です。
③ 被害者は、原則として、加害者本人に対してのみ賠償請求できます。
④ 責任能力のない未成年等は賠償責任を負いませんが、監督義務者等の責任が定められています。
⑤ 未成年者に責任能力のあるケースでも、事情によっては監督義務者自身に民法709条に基づく不法行為が成立します。
⑥ 従業員が加害者になった場合は使用者が使用者責任を負うケースがあります。

1　不法行為責任

　交通事故の加害者が被害者に対して負う損害賠償責任は、不法行為責任です。「故意又は過失によって他人の権利又は法律上保護される利益を侵害した者は、これによって生じた損害を賠償する責任を負う」（民法709条）とされているとおりです。

2　損害賠償の範囲

　損害賠償の範囲は、事故と相当因果関係ある損害とされています。相当因果関係ある損害とは、通常生ずべき損害、および特別の事情によって生じた

損害のうち当事者がその事情を予見すべきであったものです（民法416条参照）。

　損害の発生および事故と損害との間の相当因果関係の存在は、被害者である損害賠償請求者が立証をしなければなりません。立証責任といいます。

③　損害賠償請求の請求先

　交通事故の被害者は、加害者本人に対してのみ不法行為に基づく損害賠償請求できるのが原則です（民法709条）。

　ただし、次の④〜⑥のとおり、一定の場合には加害者である運転者のほかに損害賠償請求ができる場合があります。

④　運転者が賠償責任を負わない場合

　自己の行為の責任を弁識するに足りる知能を備えていなかった未成年者は賠償責任を負いません（民法712条）。「自己の行為の責任を弁識するに足りる知能」を責任能力といいます。12歳前後が一応の基準となっているようです。運転免許が必要のない自転車は責任能力をもたない未成年も多く運転しています。精神上の障害により責任能力を欠く状態で他人に損害を加えた者も賠償責任を負いません（同法713条。なお、故意または過失によって一時的にその状態を招いたときは責任を負うのは当然です。同条ただし書）。

　運転者に責任能力がない場合には誰が責任をとるのでしょうか。民法では責任無能力者の監督義務者等の責任が定められています（民法714条）。責任無能力者の監督義務者（未成年者の場合はほぼ親権者です）が損害賠償責任を負うことになります。なお、監督義務者は義務を怠らなかったこと、あるいは損害と義務の懈怠に因果関係がないことを証明すれば、責任を免れます（同条ただし書）。

5　未成年者への損害賠償請求

　未成年者に責任能力のあるケースでは、未成年者に対してのみ損害賠償請求ができるのが原則です。しかし、未成年者が責任能力を有していても、弁済する資力がなければ被害者が困ります。自転車事故では容易に想定できる場面ですね。

　この点に関して最高最判所の判例があります。未成年者が責任能力を有する場合であっても監督義務者の義務違反と当該未成年者の不法行為によって生じた結果との間に相当因果関係を認めうるときは、監督義務者につき民法709条に基づく不法行為が成立するものと解するのが相当としました（最高裁昭和49年3月22日判決・民集28巻2号347頁）。監督義務者自らの不法行為が成立しうるとしたわけです。

　したがって、具体的な事情によっては、未成年者に責任能力があるケースでも（中学生以上が想定されます）、親権者である父母に対する損害賠償請求が可能です。

6　使用者責任

　加害者本人以外にも損害賠償請求ができる場合として、従業員（被用者）が加害者となった場合に加害者の使用者が使用者責任を負うケースもあります。

　使用者責任は、被用者の行為に不法行為（民法709条）の成立要件が満たされていることを前提として、①ある事業のために他人を使用すること（使用関係）、②被用者が事業の執行につき損害を与えたこと（事業執行性）が認められるときに成立します（同法715条）。被害者との関係では、使用者責任（同条）と被用者の不法行為責任（同法709条）は不真正連帯債務の関係に立ちます。被害者はいずれに対しても全額の損害賠償請求ができますが、いずれかが賠償をすればその限度で他方も支払義務を免れます。

　賠償義務を履行した使用者は被用者に対して求償権を行使できますが（民法715条 3 項）、「使用者は、その事業の性格、規模、施設の状況、被用者の業務の内容、労働条件、勤務態度、加害行為の態様、加害行為の予防若しくは損失の分散についての使用者の配慮の程度その他諸般の事情に照らし、損害の公平な分担という見地から信義則上相当と認められる限度において、被用者に対して賠償又は求償の請求をすることができる」とされています（最高裁昭和51年 7 月 8 日判決・民集30巻 7 号689頁）。

7　近親者に対する損害賠償

　民法では、「他人の生命を侵害した者は、被害者の父母、配偶者及び子に対しては、その財産権が侵害されなかった場合においても、損害の賠償をしなければならない」（民法711条）と定められています。近親者に対する損害賠償の規定です。被害者が死亡すると被害者自身の損害賠償請求権は相続人に相続されることは当然です。この規定は近親者独自の損害賠償請求を定めるものです。

　また、被害者が死亡するに至らなかった場合でも、「被害者が生命を害された場合にも比肩すべき、または右場合に比して著しく劣らない程度の精神上の苦痛を受けたときにかぎり」、近親者が自己の権利として慰謝料を請求することができます（最高裁昭和42年 6 月13日判決・民集21巻 6 号1447頁）。

Q18 交通事故の損害賠償の内容

> 自転車を運転中に事故に遭いました。どのような損害の賠償を請求できるのでしょうか。

▶ ▶ ▶ Point
① 積極損害としては、治療関係費、入院付添費、通院付添費等の付添費用、将来介護費、入院雑費、通院交通費・宿泊費、学生・生徒・幼児等の学習費・保育費、通学付添費等、家屋・自動車等改造費、器具装具の購入費、葬儀関係費用、損害賠償請求関係費用、後見等関係費用、弁護士費用などがあげられます。
② 消極損害としては、休業損害、後遺傷害がある場合の逸失利益、死亡の場合の逸失利益などがあげられます。
③ 死亡慰謝料、入通院慰謝料、後遺症慰謝料は基準額が示されており、ある程度定額化されています。
④ 物損も損害賠償の対象です。

1 損害賠償の対象

　損害賠償の対象となる相当因果関係ある損害かどうかは、事故の態様、受傷の部位や程度、被害者の年齢等の属性などさまざまな事情によって個別具体的に判断されますが、被害者となった自転車運転者が加害者に請求できる一般的な項目を、赤い本（基準編）の分類を参考にして説明します。

2 積極損害

　積極損害とは、事故が起こらなければ出費しなかったであろう費用をい

い、次のようなものがあります。

(1) 治療関係費

原則として症状固定（治療を続けてもこれ以上症状がよくならないという状態のこと）の時までの治療費が対象となります。柔道整復、鍼灸、マッサージ等の施術費、温泉治療費などは、医師の指示がある場合など有効かつ必要と認められる限りで対象となります。

(2) 付添費用

入院付添費、通院付添費等の付添費用は、医師の指示または受傷の程度、被害者の年齢等により必要かつ相当な限りで認められます。

(3) 将来介護費

リハビリテーションなど将来介護費は、医師の指示または症状の程度により必要がある限りで認められます。

(4) 入院雑費、将来の雑費

入院中にかかる治療費以外の費用を入院雑費といい、定額での請求が認められます。重度の後遺症が残った場合の将来必要となる雑費も損害として請求できます。

(5) 通院交通費・宿泊費等

交通費は、タクシー利用が相当とされる場合以外、公共交通機関の料金になります。自家用車を利用した場合は、〔単価（15円）×距離（km）〕で計算されます。付添人の交通費、宿泊費も対象となります。

(6) 学生・生徒・幼児等の学習費・保育費、通学付添費等

被害の程度、内容、年齢、家庭の状況等により必要と認められる場合があります。

(7) 家屋・自動車等改造費

後遺障害を残した被害者の日常生活における困難を避けるための改造費が損害となります。

⑻　器具装具の購入費

義歯、義眼、義手、義足、車椅子、介護ベッド、その他医療器具で必要な
ものの購入費も損害となります。

⑼　葬儀関係費用

被害者が死亡した場合には、葬儀費用、法要費用、仏具購入費用、墓碑建
立費用等の葬儀関係費用が損害となります。

⑽　損害賠償請求関係費用

診断書料等の文書料や鑑定料などです。

⑾　後見等関係費用

後見開始の審判手続費用や成年後見人報酬等の費用です。

⑿　その他

相当因果関係がある損害である限りは、名目を問わず損害賠償の対象とな
ります。

⒀　弁護士費用

損害賠償請求訴訟の判決では、認容額の10％程度の弁護士費用が事故と相
当因果関係ある損害と認められます。

③　休業損害

休業損害とは、交通事故によるけがで入通院した場合に働くことができず
収入が減少したことによる損害です。

（1）　給与所得者の場合

事故前の収入を基礎として受傷によって休業したことによる現実の収入減
が損害です。有給休暇を利用した場合も休業損害として認められます。

（2）　事業所得者の場合

現実の収入減のほか、事業維持・存続のため必要やむを得ない休業中の固
定費の支出も損害と認められ得ます。

(3) 会社役員の場合

　会社役員、収入減のうち労務提供の対価部分は休業損害として認容され得ますが、労務の対価として不相当であり利益配当の実質をもつ部分は認められません。

(4) 家事従事者の場合

　給料等の収入がない家事従事者も賃金センサス上の平均賃金額を基礎として、兼業主婦（主夫）も現実の収入減と平均賃金額の高いほうを基礎として、休業損害が認められ得ます。

4　後遺症による逸失利益

　後遺症による逸失利益とは、後遺障害によって低下した労働能力の程度によって失った将来うべかりし利益を損害とするものです。〔基礎収入×労働能力喪失率×労働能力喪失期間に対応するライプニッツ係数〕の計算式によって算出されるのが通例です。

5　死亡による逸失利益

　死亡による逸失利益とは、死亡によって失った将来うべかりし利益を損害とするものです。

　〔基礎収入×（1－生活費控除率）×就労可能年数に対応するライプニッツ係数〕の算式に従って算出されるのが通例です。

6　慰謝料

　交通事故に関する慰謝料は、ある程度定額化しているのが実情です。赤い本（基準編）記載の基準が広く利用されています。

(1) 死亡慰謝料

　赤い本（基準編）では、一応の目安として、一家の支柱2800万円、母親・配偶者2500万円、その他2000万円～2500万円との基準が掲げられています。

(2)　入通院慰謝料

　赤い本（基準編）の別表Ⅰ（通常の受傷）および別表Ⅱ（むち打ち症等で他覚所見がない場合等、「等」は軽い打撲・軽い挫傷の場合を意味します）にて、入院期間および通院期間に応じた慰謝料額の目安が整理されています。

(3)　後遺症慰謝料

　赤い本（基準編）では、一番軽い第14級110万円から、一番重い第1級2800万円まで、後遺障害等級に従った慰謝料基準額が整理されています。

7　物　損

　自転車が壊れた場合の修理費も損害です。修理費が自転車の時価よりも高い場合、あるいは修理ができない場合には、全損扱いとなり、事故時の車両時価額が損害となります。自転車の処分費、移動費、着衣や携行品の損害も物損のうちに入ります。

8　遅延損害金

　事故時から法定利率による遅延損害金が発生します。

9　損益相殺

　被害者またはその相続人が事故に起因して何らかの利益を得た場合に、その利益のうち損害の塡補であることが明らかであるものは、損害賠償額から控除されます。二重取りを防ぐ制度です。たとえば、自賠責法に基づき受領した休業補償給付金、療養補償給付金、障害一時金、遺族補償年金が損益相殺の対象とされています。

Q19　交通事故における過失割合

　交通事故の損害賠償では「過失相殺」という処理がなされると聞きましたが、どのような制度なのでしょうか。

▶▷▶ Point

① 　過失相殺は、公平の理念から設けられた制度であり、被害者に「過失」が存在する場合には損害賠償額が減額されることになります。

② 　被害者の「過失」は、単なる不注意で足ります。

③ 　交通事故の処理においては、事故当事者別に（歩行者と四輪車・単車、歩行者と自転車、四輪車同士、単車と四輪車、自転車と四輪車・単車）、かつ類型化された事故態様ごとに、基準となる過失相殺割合が提示されています。

④ 　自転車と四輪車・単車との事故においては、その優位性の違いなどから、自転車に有利な過失相殺基準となっています。

1　過失相殺制度

　「被害者に過失があったときは、裁判所は、これを考慮して、損害賠償の額を定めることができる」（民法722条2項）と定められています。これが過失相殺です。被害者の「過失」により損害が発生あるいは拡大した場合には、その損害の全部を加害者に負担させるのは公平の理念に反するため設けられた制度です。

　たとえば、交通事故の被害者にも「過失」があり、その程度からして損害賠償額を20％ほど減額するのが公平だという事例では、過失割合は加害者80：被害者20であるとされます。そして、被害者に生じた損害が1000万円だ

とすると、被害者の損害賠償請求額は、1000万円から被害者の過失割合20％が減額され、800万円だけが認められます。

2　被害者の「過失」を考慮

被害者の「過失」は、不法行為責任の成立要件である「過失」（民法709条）とは異なります。過失相殺は、公平の見地から損害の発生・拡大についての被害者の不注意を考慮する場面なので、「過失」は単なる不注意で足りるのです。

そのため、被害者に責任能力がなくとも「過失」は考慮されます。自分の行為の是非善悪を理解できる能力（事理弁識能力）があればよいとして8歳の子どもについて過失相殺を認めた例があります（最高裁昭和39年6月24日判決・民集18巻5号854頁）。一般に6歳〜7歳であれば事理弁識能力が認められるといわれています。

3　事故の種類の類型化

過失相殺を行うかどうか、また行う場合にどの程度行うかは、裁判官の自由裁量に任されています（ただし、裁量権の濫用、逸脱があれば違法です）。しかし、何らかの基準がなければ、各裁判官によって大きく判断が異なり、迅速な処理や公平な処理が妨げられかねません。そこで、交通事故においては、事故の種類を類型化して、その類型ごとに過失相殺割合の基準が示されています。

赤い本や、別冊判タ38号などです。特に、後者については、裁判実務、保険実務に広く浸透している基準です。

それらの基準では、被害者保護、危険責任の原則、優者危険負担の原則などの観点から、事故当事者別に（歩行者と四輪車・単車、歩行者と自転車、四輪車同士、単車と四輪車、自転車と四輪車・単車）、類型化された事故態様別に基準となる過失相殺率が提示されています。もちろん、同基準は絶対的なも

のではなく、裁判官が拘束されるわけではありませんし、同基準自体にも修正要素が用意されています。

4　自転車と四輪車・単車との事故の場合

　自転車と四輪車・単車との事故においては、自転車に有利な過失相殺基準となっています（別冊判タ38号）。自転車には、①四輪車や単車と異なり、免許が不要で、交通法規に無知な児童等も運転すること、②速度は四輪車や単車の速度と歩行者の速度との中間になること、③自転車が交差点以外の場所で道路を横断する場合に発生する事故等、自転車特有の事故の起こり方があること等の特色があるからです。

5　自転車と歩行者との事故の場合

　自転車と歩行者との事故では、歩行者と四輪車・単車との事故における四輪車・単車の過失相殺率よりも、基本的に自転車に有利に修正されます。自転車は、四輪車・単車と比較して、一般に、軽量かつ低速であり、簡易な構造であるため運転操作や停止措置が容易であり、他者と衝突した場合に相手方に与える衝撃や外力が少なく、四輪車・単車よりも、歩行者に対する優位性の程度は低いからです。

　しかし、事故の発生場所や態様によって歩行者保護の要請に差があるため、一律に一定の割合で自転車に有利に修正するのは必ずしも相当ではないとされています（別冊判タ38号参照）。

6　立証責任は加害者側

　損害の発生、事故と損害の相当因果関係など損害賠償請求権の発生根拠となる事実については被害者が立証をしなければいけません（立証責任）。

　これに対して、過失相殺は損害賠償請求権を減縮させるものです。加害者に有利な過失相殺を基礎づける事実の立証責任は加害者側にあります。

Q20　交通事故①（歩行者との事故）

　自転車で走行中に歩行者と衝突する交通事故を起こしてしまった場合、過失相殺については、どのように考えられるのでしょうか。

▶ ▷ ▶ Point

① 　別冊判タ38号などで主な事故類型ごとに定められている基本的な過失相殺率を参考に、個別事案における修正要素を加味して割合を加減するという手法により、歩行者側の損害に関する過失相殺率を概算することができます。

② 　歩行者と自転車とでは、いわゆる優者危険負担の原則の考え方により、歩行者よりも自転車のほうに事故防止のため注意する義務が課せられますので、自転車側の責任が重くなりやすくなります。

1　過失割合と過失相殺率

　自転車と歩行者の事故の場合には、双方で適用される交通ルールが異なることや、危険な自転車のほうが交通弱者の歩行者よりも事故防止のため注意する義務が重く課せられるべき（「優者危険負担の原則」という考え方です）ことなどから、双方の過失を比較した過失割合ではなく、被害者側が過失相殺される割合（過失相殺率）を考えるという手法がとられています。

　別冊判タ38号においても、歩行者側が被害者となるようなケースを前提に（歩行者が路上に急に飛び出してきたようなケースは基準の対象外とされます）、過失割合ではなく、歩行者側の過失相殺率が記載されています。

② 道路を横断する歩行者と自転車の事故

(1) 車道を走行する自転車と道路を横断する歩行者の事故

　信号機が設置されていたかどうか、歩行者が横断歩道上やその付近を横断していたどうか、信号機が設置されている場合には歩行者と自転車が対面する信号機の表示や信号変更の有無、自転車が直進していたか右左折したかなどにより細かく類型化して基準が提示されています。

　そして、各類型の中では、幹線道路や住宅街・商店街の中の道路かどうか、歩道と車道の区別のある道路かどうかなどの道路状況、歩行者の属性（13歳未満や高齢者、身体障害者などのいわゆる交通弱者かどうか）、横断禁止規制の有無、歩行者の横断態様、集団横断かどうか、その他自転車の運転状況（片手運転や携帯電話・イヤホンなどを利用しながらの運転、二人乗り、荷物の過剰積載、酒気帯び運転・酒酔い運転、制動装置不良自転車の運転など）に交通ルール違反があるかどうかなどが考慮される場合があります。

　たとえば、下り坂を時速30km前後で走行していたマウンテンバイクが、犬を散歩させていた歩行者に衝突した事案では、現場付近の横断歩道があるのに、車道に立ち入ったこと、犬が自転車に突如駆け寄ったところこのように犬が他者の交通等に迷惑をかけることのないよう配慮する義務があったこと、車道に入るに際してよく周囲を注意していれば加害車両に気づかなかったはずがないなどとして、歩行者の過失相殺率が30％であると判断されました（広島地裁尾道支部平成19年10月9日判決・判時2036号102頁）。

(2) 車道を横断する自転車と歩行者の事故

　横断歩道内の事故か自転車横断帯内の事故かで類型化され、住宅街や商店街の中の道路かどうか、歩行者の属性、歩行者の横断態様、その他自転車の運転状況に交通ルール違反があるかどうかなどが考慮される場合があります。

③　歩行者と同一方向または対向する自転車との事故

(1)　歩行者用道路における事故

　歩行者の属性、歩行者の通行態様（歩行者が大きくふらついて自転車の進路前方をふさいだようなケースが想定されます）、その他自転車の運転状況に交通ルール違反があるかどうかなどが考慮されますが、歩行者の通行が保護される場所であることから、基本的に歩行者側の過失相殺をすべきではないと考えられています。

(2)　歩道における事故

　自転車が歩道を直進していた場合と歩道外からの進入の場合で類型化されており、前者の場合には、歩道の通行が許された自転車（Q49参照）との関係では、歩行者の属性、歩行者の通行態様、その他自転車の運転状況に交通ルール違反があるかどうかなどが考慮されますが、歩道は歩行者の通行が保護されるべき場所ですので、前者の場合も後者の場合も基本的に歩行者側の過失相殺をすべきではないと考えられています。たとえば、歩行者が大きくふらつくなどして自転車の進路前方をふさいで事故が起きた場合でも、自転車が歩道の中央から車道寄り部分以外の本来通行すべきではない歩道部分を通行していたときには、自転車側に著しい過失があるとして歩行者側の過失相殺をすべきではないとされる可能性があります。

　また、歩道を横断歩道のある方向に急に向きを変えた歩行者に、歩行者がそのまま直進すると考えて追い越そうとした自転車が衝突した事案では、横断歩道を横断するために向きを変えることは現場付近の状況から予測可能な行動があること、後方から走行してくる自転車の動きを認識することは容易でないこと、68歳の高齢者であったこと等の歩行者の事情から、歩行者の落ち度は過失相殺をするほどのものではないと判断されました（東京地裁平成26年9月30日判決・TKC）。

(3)　路側帯における事故

自転車が路側帯を直進していた場合と路側帯外からの進入の場合で類型化されており、前者の場合には、路側帯の通行が許された自転車（Q48参照）との関係では、歩行者の属性、歩行者の通行態様、その他自転車の運転状況に交通ルール違反があるかどうかなどが考慮されますが、路側帯も歩行者の通行が保護されるべき場所ですので、前者の場合も後者の場合も基本的に歩行者側の過失相殺をすべきではないと考えられています。たとえば、歩行者が大きくふらつくなどして自転車の進路前方をふさいで事故が起きた場合には前記(2)同様に若干の過失相殺が行われる可能性がありますが、自転車が道路右側部分の路側帯を通行していたときには道交法17条の2に違反するため、自転車に著しい過失があるとして歩行者側の過失相殺をすべきではないとされる可能性があります。

(4)　車道における事故

歩行者による車道通行が許されている場合と許されていない場合で類型化され、幹線道路か住宅街や商店街の中の道路どうかの道路状況、歩行者の属性、歩行者の通行態様、集団通行かどうか、その他自転車の運転状況に交通ルール違反があるかどうかなどが考慮されます。

(5)　歩道と車道の区別のない道路における事故

自転車の通行位置により類型化され、歩行者の属性、歩行者の通行態様、集団通行かどうか、その他自転車の運転状況に交通ルール違反があるかどうかなどが考慮されます。

4　道路外や車道から歩道や路側帯に進入してきた歩行者との事故

事故発生場所が歩道か路側帯かにより類型化され、歩行者の属性、歩行者の通行態様、集団通行かどうか、その他自転車の運転状況に交通ルール違反があるかどうかなどが考慮されます。

Q21　交通事故②（自転車との事故）

　自転車で走行中に自転車と衝突する交通事故を起こしてしまった場合、過失相殺については、どのように考えられるのでしょうか。

▶ ▶ ▶ Point

① 　自転車の種類によって性能が大きく異なることや、免許制度がなく運転者の属性により道路交通法の理解にも差があることなどから、自動車同士の事故における過失相殺基準をそのまま適用することはできず、個別事案の状況を踏まえて過失相殺率を考えることになります。

② 　赤い本（講演録編）などで自転車同士の事故の過失相殺基準（第一次試案。平成26年２月公表）が公表されています。

1　自転車同士の事故での過失相殺率に関する考え方の概要

　自転車同士の事故では、双方に同じ交通ルールが適用されるため、自動車同士の事故と同じように、道路交通法を基準とした交通ルール違反の程度に着目した過失割合を定めることが可能なようにも思われます。

　しかし、自転車同士の事故には、車同士の事故と比べて、自転車の種類によって性能が大きく異なること、自転車には運転免許制度がなく自動車の運転免許を取得している自転車運転者とそうではない自転車運転者とで道路交通法の理解にも差があること、自転車にはバックミラーの装備義務がないなどの違いがあります。そのため、自動車同士の事故における過失相殺基準をそのまま自転車に適用することは適切ではなく、道路交通法に基づく交通ルール違反の程度という視点だけではなく、両自転車の速度がどの程度であったか、事故を回避するためどのような措置をとったかなど具体的な事情

をもとに過失相殺率を考えることになります。

　自転車同士の事故では、各自転車の進行方向によって事故を回避できた可能性に違いが出てくると考えられます。赤い本（講演録編）などに記載されている自転車同士の事故の過失相殺基準（第一次試案。平成26年2月公表）では、自転車の進行方向により事故類型を分類する手法がとられています。

2　直進する自転車と交差方向から進行してきた自転車同士の事故

(1)　信号機による交通整理の行われている交差点における事故

　両自転車が対面する信号機の表示によって類型化され、自転車の運転者が13歳未満の子どもや高齢者、身体障害者などの交通弱者かどうか、夜間であればライト点灯の有無、高速度での進入かどうか、その他運転状況に交通ルール違反があるかどうか（片手運転や携帯電話・イヤホンなどを利用しながらの運転、二人乗り、荷物の過剰積載、酒気帯び運転・酒酔い運転、制動装置不良自転車の運転など）などを考慮することが検討されています。

(2)　信号機による交通整理の行われていない交差点における事故

　一方の自転車に一時停止規制がある場合と各自転車が走行する道路幅が同じ程度の幅の場合が類型化され、運転者の属性、通行場所（左側通行義務違反かどうか、通行禁止の歩道かどうか）、夜間であればライト点灯の有無、高速度での進入あるいは著しい高速度での進入かどうか、その他運転状況に交通ルール違反があるかどうかなどを考慮することが検討されています。

　たとえば、横断歩道が設置されている交差点の出会い頭の事故の事案で、フード付き合羽を着用していた被告車両には横断歩道の直前で一時停止も徐行もしなかった過失がある一方、原告車両は衝突直前に大声を出してブレーキをかけているものの傘差し運転をしていた過失があるとして、過失相殺率を40％としたものがあります（東京地裁平成27年3月25日判決・自保ジャーナル1946号95頁）。

③　対向方向に進行する自転車同士の事故

⑴　生活道路上の事故（歩道以外の道路上の事故）

　車道上の事故、歩道と車道の区別のない道路上の事故、路側帯上の事故、自転車道上の事故など歩道以外の道路上で、主として日常生活における交通に利用されている道路での事故について類型化されています。運転者の属性、通行位置（左側通行義務違反かどうか）、夜間であればライト点灯の有無、高速度での走行あるいは著しい高速度での走行かどうか、その他運転状況に交通ルール違反があるかどうかなどを考慮することが検討されています。

⑵　歩道上の事故

　運転者の属性、夜間であればライト点灯の有無、高速度での走行あるいは著しい高速度での走行かどうか、その他運転状況に交通ルール違反があるかどうかなどを考慮することが検討されています。

　たとえば、歩道に駐輪スペースがないかゆっくり走行していた原告車に対向する被告車が衝突した事案では、原告車には駐輪スペースを探していたため前方注視をしなかった過失がある一方、被告車には原告車両が被告車両を避けてくれるものと軽信してそのまま直進したなど前方不注視・原告車の動静不注視の過失があるとして、過失相殺率を45％としたものがあります（東京地裁平成24年3月16日判決・交民集45巻2号334頁）。

④　同一方向に進行する自転車同士の事故

⑴　追抜車と被追抜車との事故

　後続車が先行車の側方通過後に進路変更して先行車の進路前方に出た場合の事故と、後続車が先行車を追い抜こうとして両者が併走状態にある際の事故が類型化されています。運転者の属性、先行車のふらつき、夜間であればライト点灯の有無、追越しが危険な場所かどうか、その他運転状況に交通

ルール違反があるかどうかなどを考慮することが検討されています。

　たとえば、二人乗りの被告車両を原告車両がベルを鳴らすことなく追い越そうとしたところ原告車両のほうへふらついて来た被告車両と衝突したという事案では、被告車両に二人乗りのように危険な運転方法をとり自転車をふらつかせた過失がある一方、原告車両にもベルを鳴らすなど安全な方法と速度で走行しなかった過失があるなどとして、過失相殺率が40％とされました（東京地裁平成22年1月12日判決・自保ジャーナル1827号154頁）。

⑵　進路変更車と後続直進車との事故

　運転者の属性、夜間であればライト点灯の有無、先行車の合図の有無、追抜きの際の側方間隔が十分かどうか、高速度での走行あるいは著しく高速度での走行かどうか、その他運転状況に交通ルール違反があるかどうかなどを考慮することが検討されています。

⑶　交差点における右左折車と後続直進車との事故

　上記⑵と同様に検討されています。

Q22 　交通事故③（乗用車・二輪車との事故）

　　自転車で走行中に乗用車や二輪車と衝突する交通事故を起こしてし
まった場合、過失相殺については、どのように考えられるのでしょう
か。

▶ ▶ ▶ Point

①　過失相殺を考えるにあたっては、交通事故の発生状況に着目して、事故
　を起こした自転車と乗用車・二輪車のうちどちらの交通ルール違反の程度
　が大きいかという視点が一つの目安となります。

②　優者危険負担の原則により自転車よりも乗用車や二輪車のほうに事故防
　止のため注意する義務が重く課せられます。

③　別冊判タ38号などで主な事故類型ごとに定められている基本的な過失相
　殺率を参考に、個別事案における修正要素を加味して割合を加減するとい
　う手法により過失相殺率を概算することができます。

1 　自転車と乗用車・二輪車との事故での過失相殺率に関する考え方の概要

　自転車は軽車両に位置づけられ、車両である乗用車や二輪車と同様の交通
規制を受ける一方で、通行区分など自転車特有の規制を受けるほか、自転車
には運転免許制度がなく自動車の運転免許を取得している自転車運転者とそ
うではない自転車運転者とで道路交通法の理解にも差があること、自転車の
速度は乗用車・二輪車と歩行者との中間となることなどの違いがあります。
そのため、二輪車と乗用車との事故を参考にしつつ、自転車の中間的な速度
に着目して、自転車側に有利な基準が定められています。

　低速の自転車は歩行者と同視して歩行者と乗用車・二輪車との事故類型を参考に過失相殺率が検討される場合も考えられます。その一方で、自転車が原動機付自転車と同じように時速30km程度で走行していたような場合には、自転車に有利に修正をかける必要に乏しいことから、二輪車と乗用車の事故類型で定められる基準を参考に過失相殺率を検討すべき場合も考えられます。

２　交差点における事故

(1)　直進車同士の出会い頭の事故

　信号機により交通整理がされている交差点であれば、両当事者が対面する信号機の表示によって類型化され、信号機のない交差点では、道路幅が同じ程度か一方の道路が明らかに広い道路かどうか、一方の道路に一時停止規制があるかどうかや優先道路であるかどうか、一方通行違反があるかどうかでるかで類型化されています。そして、夜間かどうか、自転車の運転者の属性（13歳未満の子どもや高齢者、身体障害者などの交通弱者かどうか）、交差点進入の前後関係、自転車が自転車横断帯や横断歩道を通行していたかどうか、赤信号直前の進入かどうか、自転車の左側通行違反の有無、その他運転状況に交通ルール違反があるかどうかなどが考慮される場合があります。

　たとえば、信号機のない交差点において各直進してきた被告自動車と原告自転車の事故の案件では、原告が79歳であること、日没後にもかかわらず被告車両が前照灯をつけていなかったこと、住宅街にある左右の見通しがよくない交差点であったこと、原告自転車は横断歩道上を走行していたことなどの事情から、過失相殺率を15％としました（東京地裁平成20年7月7日判決・交民集41巻4号908頁）。

(2)　右折車と直進車との事故

　自転車と乗用車・二輪車の進行方向や信号機の有無などによって類型化され、夜間かどうか、自転車の運転者の属性、右折禁止の有無や右折の態様、

自転車が自転車横断帯や横断歩道を通行していたかどうか、速度違反の有無・程度、その他運転状況に交通ルール違反があるかどうかなどが考慮される場合があります。

⑶　左折車と直進自転車の事故

自転車と乗用車・二輪車の進行方向によって類型化され、夜間かどうか、自転車の運転者の属性、左折の態様、自転車が自転車横断帯や横断歩道を通行していたかどうか、その他運転状況に交通ルール違反があるかどうかなどが考慮される場合があります。

たとえば、前車が交差点を左折したことから左後方から走行してくる車両の有無を確認することなく左折を開始した被告自動車に、左後方から直進した原告自転車が衝突した事案では、被告自動車に著しい過失があることおよび原告自転車運転者が66歳であったこと等を考慮して、被告自動車には左折時のアナウンス装置が設置されており、原告自転車が被告自動車の存在を認識できたことを考慮しても、過失相殺をすることは相当でないと判断されました（東京地裁平成21年3月30日判決・自保ジャーナル1805号14頁）。

⑷　歩行者用信号機のある横断歩道や自転車横断帯を横断中の自転車との事故

自転車や乗用車・二輪車が対面する信号機の表示によって類型化され、夜間かどうか、自転車の運転者の属性、自転車の速度が歩行者と同程度かどうか、その他運転状況に交通ルール違反があるかどうかなどが考慮される場合があります。

③　道路外出入車と直進車の事故

道路外からの進入か道路外への右左折により類型化され、夜間かどうか、進入や右左折の態様、左側通行違反の有無、自転車の運転者の属性、幹線道路かどうか、直進車の速度違反の有無、その他運転状況に交通ルール違反があるかどうかなどが考慮される場合があります。

4　対向車同士の事故

　自転車の走行位置やどちらが中央線を越えていたかにより類型化され、自転車の運転者の属性、自転車の走行状況、前方不注視などその他運転状況に交通ルール違反があるかどうかなどが考慮される場合があります。

5　進路変更に伴う事故

　どちらの進路変更かにより類型化され、自転車の運転者の属性、進路変更禁止場所かどうか、進路変更の態様、その他運転状況に交通ルール違反があるかどうかなどが考慮される場合があります。

6　転回車と直進車との事故

　どちらの転回かにより類型化され、自転車の運転者の属性、転回禁止場所かどうか、転回の態様、直進車の速度違反、その他運転状況に交通ルール違反があるかどうかなどが考慮される場合があります。

7　交差点以外における横断自転車の事故

　夜間かどうか、幹線道路かどうか、自転車の運転者の属性、横断の態様、横断歩道を通行していたかどうか、その他運転状況に交通ルール違反があるかどうかなどが考慮される場合があります。

Q23 自転車が被害者の場合の対応

> 自転車を運転中に事故に巻き込まれました。何に気をつけて対応すればよいでしょうか。

▶ ▶ ▶ Point

① **警察に連絡をしてください。けがの状況によってご自分で連絡することが難しいときは、加害者などに連絡を促してください。**

② **将来の損害賠償請求に備え、加害者が特定できる情報などを確保しておく必要があります。**

③ **余裕があれば現場の情報を証拠化しておいてください。**

④ **必ず医師の診断を受けてください。**

⑤ **労災にあたる場合には労災保険を使って治療する方が比較的有利です。労災ではない交通事故において、被害者の過失割合が大きいとき等には健康保険の利用を検討することも必要です。**

---

1 警察への連絡の必要性

まずは警察に連絡をしてください。けがの状況によってご自分で連絡することが難しいときは、加害者などに連絡を促してください。

警察に事故を報告し、事故証明書の取得できるようにしておくことが、後の裁判での解決や保険会社との示談に役に立ちます。

警察に連絡をしたくないなどの理由から当事者同士で示談することもありますが、お勧めできません。事故直後は痛みがなく大丈夫と思っても、遅れて症状が出てくることが珍しくありません。損害が判明してから示談をしなければなりません。示談内容も適正なものにはならない可能性があります

77

し、約束を履行してもらえるかもわかりません。当事者同士の示談はリスクが高いといえます。後に損害賠償請求をする、あるいは裁判を起こす必要があるかもしれません。警察に届けていないために事故証明や実況見分調書がとれずに損害賠償請求に困る事態を招くことがないようにしないといけません。

2　加害者の特定

　将来の損害賠償請求に備え、加害者を特定しておく必要があります。運転者の住所・氏名、車両の登録番号、自賠責保険や任意保険の保険会社、契約者名、契約番号、契約内容等を確認するのは必須でしょう。連絡先電話番号を聞くことも忘れないでください。

　加えて、車両所有者の住所・氏名、運転者と所有者の関係、運行目的、加害車両の普段の使用状況、勤務先の名称・住所なども確認するといいかもしれません。所有者や勤務先も損害賠償請求の対象となる可能性もありますし、聞いておけば加害者が責任逃れをすることが難しくなります。

　なお、免許証を写真撮影させてもらうと運転者の住所・氏名がわかり簡便です。名刺をもらえると勤務先の名称・住所がわかります。自動車検査証を写真撮影させてもらうと、所有者の住所・氏名もわかります。ナンバープレートを写真撮影しておくと、地方運輸局で加害者車両の自動車登録事項証明書等を取得できます。自賠責保険証および任意保険証もボンネットに保管していることが通常ですので、できれば写真撮影させてもらってください。

3　証拠の保存

　余裕があれば現場の情報を証拠にしておいてください。周囲の状況、加害車両の状況をできるだけ全方位から撮影します。破損の状況やボディーなどの会社名の記載など重要と思われる点は近接写真も撮っておいてください。また、目撃者がいれば、証言をメモしたり、住所・氏名を聞いて後日証人に

なってくれるよう頼んでおきましょう。

4 医師の診断

　必ず医師の診断を受けてください。事故の数日後に自覚症状が現れること
もあります。痛くなくても事故の直後に診察を受けておくことをお勧めしま
す。事故直後の診断結果や検査結果は事故と傷病あるいは後遺障害との因果
関係立証のために重要です。頭を強く打った場合などには脳外科の専門医の
画像診断を受けるべきでしょう。

　なお、損害賠償の請求には医師の協力を得る必要が出てくることがありま
す。相手方の保険会社から治療費の支払いを早めに打ち切ったり、後遺障害
を否定するということは珍しくないことですが、その際には医師の協力を得
なければ解決が困難なケースが多いです。また、医師が軽々に相手方保険会
社に有利な所見の言質を与えてしまうケースもあります。日頃から医師との
コミュニケーションをよくとることによって、必要な場所には協力を頼める
ようにする、あるいは適切に相手方保険会社に対応してもらう関係を構築す
る必要があります。患者のために協力をしてくれる医師がいる一方で、協力
を拒む医師も少なからずいます。あまりにも非協力的な医師であれば早めに
転院することも考えられます。

5 診療費の支払方法

　診療費の支払方法も考えなければいけません。自賠責保険や任意保険と労
災保険は併用できます。交通事故による受傷が業務災害あるいは通勤災害に
あたる場合には労災保険を使って治療するほうが比較的有利でしょうか。特
に被害者の過失割合が大きいときは過失相殺されない労災保険を利用するべ
きでしょう。その際には、病院に交通事故が労災であることを伝えなければ
いけません。

　労災ではない交通事故においては労災保険が使用できません。健康保険を

利用せずに自由診療にすると医療費が多額になってしまいます。過失相殺で差し引かれる分は自己負担となりますので、被害者の過失割合が大きいときは健康保険を利用したほうがよいでしょう（なお、ご自身が加入している人身傷害保険を利用すれば過失割合に関係なく治療費全額の支払いを受けられます）。また、健康保険を利用して治療費を抑えることにより、自賠責の賠償額が休業補償や慰謝料などにあてられる可能性も出てきます。

　そのほか、被害者が治療費の立替えをしなければならないときや、加害者が任意保険に入っていないときは、被害者の負担を軽減するため健康保険を利用したほうがよいといわれています。

　なお、交通事故の被害者が健康保険を使う場合は、まず自身の加入している健康保険組合や共済などへ「第三者行為による傷病届」を提出します。病院によっては健康保険の利用を断られるケースもありますのでご注意ください。

Q24　自転車が加害者の場合の対応

> 　自転車に乗っていて事故を起こしてしまった場合はどのような対応
> をとればよいでしょうか。

▶ ▶ ▶ Point

① **自転車は、軽車両すなわち車両であり、道交法上の救護義務・報告義務を怠ると、いわゆるひき逃げ事案になります。**

② **救護義務は、救急車を呼ぶ、あるいは病院に付き添うのが基本的な行動となります。「大丈夫」という言葉を鵜呑みにしてはいけません。**

③ **報告義務も果たす必要があります。被害者と直接接触がない非接触事故においても救護義務違反・報告義務違反を問われる可能性があります。**

④ **自分の加入する保険会社には早めに連絡を入れましょう。**

1　交通事故の場合の措置

　自転車は、軽車両すなわち車両であり、道交法上、交通事故の場合にとるべき措置が定められています。同法72条1項は、「交通事故があつたときは、当該交通事故に係る車両等の運転者その他の乗務員……は、直ちに車両等の運転を停止して、負傷者を救護し、道路における危険を防止する等必要な措置を講じなければならない。この場合において、当該車両等の運転者（運転者が死亡し、又は負傷したためやむを得ないときは、その他の乗務員……）は、警察官が現場にいるときは当該警察官に、警察官が現場にいないときは直ちに最寄りの警察署（派出所又は駐在所を含む……）の警察官に当該交通事故が発生した日時及び場所、当該交通事故における死傷者の数及び負傷者の負傷の程度並びに損壊した物及びその損壊の程度、当該交通事故に係る車両

等の積載物並びに当該交通事故について講じた措置を報告しなければならない」と定めています。

　ここに定められている義務を怠ると、いわゆるひき逃げ事案として、厳しい行政処分、刑事処分がなされる可能性があります。

② 救護義務

　前記①の道交法72条1項前段の「直ちに車両等の運転を停止して、負傷者を救護し、道路における危険を防止する等必要な措置を講じなければならない」義務を救護義務といいます。

　救急車を呼ぶ、あるいは病院に付き添うのが基本的な行動となります。医師や救急隊員に、事故時の様子や負傷者の状態を説明してください。被害者が「大丈夫」と言って立ち去るケースも多いかもしれません。しかし、大丈夫かどうかは医師が判断すべきことです。軽々に判断をして救護義務を怠ることのないようにしてください。

　判例では、「車両等の運転者が、いわゆる人身事故を発生させたときは、直ちに車両の運転を停止し十分に被害者の受傷の有無程度を確かめ、全く負傷していないことが明らかであるとか、負傷が軽微なため被害者が医師の診療を受けることを拒絶した等の場合を除き、少なくとも被害者をして速やかに医師の診療を受けさせる等の措置は講ずべきであり、この措置をとらずに、運転者自身の判断で、負傷は軽微であるから救護の必要はないとしてその場を立ち去るがごときことは許されない」とされています（最高裁昭和45年4月10日判決・判時593号102頁）。十分に被害者の受傷の有無程度を確かめたうえで、全く負傷していないか、負傷が軽微で被害者が診察を拒否した場合ではない限り、速やかに医師の診察を受けさせるべきです。

　被害者の「大丈夫」との言葉を信じて加害者が立ち去った後、被害者が警察に通報する、あるいは医師から受傷診断書を取得して被害届を出すことによって救護義務違反を問われるケースは珍しくはありません。被害者の「大

丈夫」という言葉は診察の拒否とはいえません。このようなケースもひき逃げ事案となってしまいます。仮に被害者の協力を得られない場合でも、少なくとも被害者に警察官が来るまで待ってもらいましょう。被害者が警察官に対しても診察を拒否するようでしたら救護義務違反とはなりません。

　救護義務違反の罰則は、１年以下の懲役または10万円以下の罰金です（道交法117条の５第１項）。

③　報告義務

　前記①の道交法72条１項後段の「警察官に当該交通事故が発生した日時及び場所、当該交通事故における死傷者の数及び負傷者の負傷の程度並びに損壊した物及びその損壊の程度、当該交通事故に係る車両等の積載物並びに当該交通事故について講じた措置を報告しなければならない」義務が報告義務です。

　必ずしも被害者が自転車と直接接触する必要はありません。被害者と直接接触がない非接触事故においても救護義務違反・報告義務違反を問われる可能性があります。被害者の転倒などと自転車の運転との因果関係がわからない場合であっても、念のため報告義務を果たしてください。

　報告義務違反の罰則は、３月以下の懲役または５万円以下の罰金です（道交法119条１項10号）。

④　保険会社への連絡

　自分の加入する保険会社には早めに連絡を入れて、保険適用の有無や手続を確認してください。事故の連絡を入れることが保険適用の要件となっている場合もありますし、被害者への今後の手続などの説明も必要でしょう。なお、保険会社へ連絡することで、冷静になることができるというメリットもあります。日頃から、保険会社の連絡先を携帯しておきましょう。

Q25　自転車の欠陥による事故の場合の対応

新車で購入した自転車（クロスバイク）に乗っていたところ、前輪の
サスペンション部分が破損し分離したため、転倒して大けがを負いま
した。サスペンションに欠陥があったことを理由として、自転車メー
カーに損害賠償を請求できないでしょうか。

▶▶▶ Point

① 　製造物責任法は、製造物の欠陥が原因で生命、身体または財産に損害を
被った場合に、被害者が製造業者等に対して損害賠償を求めることができ
ることを規定した法律です。

② 　製造物責任法は、民法の不法行為責任（同法709条）の特則であり、不法
行為に基づく損害賠償請求の場合には、加害者の過失を立証しなければな
らないところ、製造物責任においては製造物の欠陥を立証することが求め
られます（無過失責任）。

1　製造物責任法

製造物責任法は、製造物の欠陥が原因で生命、身体または財産に損害を
被った場合に、被害者が製造業者等に対して損害賠償を求めることができ
ることを規定した法律です。

製造物責任法の制定前は、製造物の欠陥に起因する事故が発生した場合の
被害者の救済としては、民法の不法行為（民法709条）に基づく損害賠償請求
の手法が用いられていました。民法の不法行為の成立要件の中には加害者の
故意・過失があるところ（過失責任）、損害賠償請求をするほうが立証をし
なければなりません。一般消費者である被害者にとっては製造者（メー

カー）の過失を立証することが極めて困難でした。このため、製造物責任法は、一般消費者を保護する目的で、民法の過失責任を修正し、製造物の欠陥を立証することで製造者に対する損害賠償請求ができるように定められています。

2 製造物責任が認められる要件

(1) 対象となる製造物

製造物責任法では、製造物を「製造又は加工された動産」と定義しています（同法2条1項）。このため、ソフトウエアのような無体物や、加工していない農産物や水産物は対象となりません。自転車の場合は、通常「製造又は加工された動産」に該当するものと思われます。また、中古品であっても製造物に該当します。

(2) 欠　陥

製造物責任法上の「欠陥」とは、製造物に関するさまざまな事情を考慮して「製造物が通常有すべき安全性を欠いていること」といいます（同法2条2項）。

一般に欠陥は、次の三つに分類することができます。

(a) 製造上の欠陥

部品や材料の不良や、組立てミスなどにより製造物が設計・仕様どおりにつくられなかったことにより安全性を欠いた場合をいいます。

(b) 設計上の欠陥

設計の段階で十分に安全性に配慮しなかったことにより、製造物の安全性を欠いた場合をいいます。

(c) 指示・警告上の欠陥

損害を発生させる危険性がある製品について、消費者側で事故を防止するために適切な情報を製造者が与えなかった場合をいいます。

(3)　損　害

　製造物責任法によって損害賠償を請求できるのは、製造物の欠陥によって、人の生命、身体に被害をもたらした場合や、欠陥のある製造物以外の財産に損害が発生したときです。これに対し、自転車の欠陥による被害が、その自転車自体の損害にとどまった場合（自転車が壊れただけでそれ以上のけがなどの損害が発生しなかった場合）には、製造物責任の追及はできません。

(4)　製造物責任を負う者

　製造物責任法では、製造物責任を負う者を、原則として「製造物を業として製造、加工又は輸入した者」としています（同法2条3項1号）。販売業者は基本的には対象とされていませんが、輸入業者や表示製造業者（同項2号または3号）にあたる場合は、製造物責任を負う対象となります。

③　自転車事故で製造物責任が認められた事例

　東京地裁平成25年3月25日判決・判時2197号56頁では、外国製のクロスバイクと呼ばれるスポーツ仕様の自転車を運転して走行中に転倒し、頚椎損傷、頚髄損傷などの傷害が発生し、四肢麻痺の後遺症が残った事故に関するものです。裁判所は、この転倒事故の原因が、自転車の前輪のサスペンション内部のスプリングが折傷したことによりサスペンション部分が分離した欠陥によるものと認定し、自転車の輸入業者に対し約1億4717万円の損害賠償請求を命じました。

　この事故は、自転車を購入後約6年4カ月経過後に生じたものですが、裁判所は、比較的長期間が経過しているとしても、スプリングが折傷してサスペンションが容易に分解することが可能な状態になることは、使用者の合理的期待を害するものであるとし、この自転車は走行中にサスペンションが分離したという点で通常有すべき安全性を欠いており欠陥があると判断しました。

第2章

自転車通勤のトラブル・事故への対応

I　自転車通勤をめぐる問題

Q26　自転車通勤

希望すれば自転車で通勤することができるのでしょうか。自転車での通勤事故や通勤手当はどのような扱いをされるのでしょうか。

▶ ▶ ▶ Point

① 　自転車通勤とは自転車を手段とした通勤です。通勤の方法は必ずしも自由に選択できるわけではありません。多くの企業では、従業員の通勤の方法を指定しています。

② 　自転車は、法律や規格の目的によってさまざまに定義されます。道路交通法上、電動アシスト自転車は自転車として扱われます。

③ 　通勤とは、仕事のために自宅と就業場所を往復する行為です。

④ 　自転車通勤を届けているかどうか、あるいは自転車通勤が禁止されているかどうかは、労災上の通勤災害に該当するかどうかの判断と直接の関係はありません。

⑤ 　自転車通勤であっても他の通勤方法と同様に一定距離を超える通勤について一定額までの通勤手当が非課税となります。

1　自転車通勤

　自転車通勤とは自転車を手段とした通勤です。従業員は、自身の通勤の方法を必ずしも自由に選択できるわけではありません。

　多くの企業では、就業規則あるいはその一部となる通勤規程などの内部規程の中で、従業員の通勤の方法を指定しています。自転車通勤を禁止してい

る企業も少なくありません。自転車通勤を始めようとする際には、通勤先に対し、自転車通勤が許されているかどうかを確認する必要があります。

2　自転車

自転車の定義は定義する目的によってさまざまです。

道交法上は、ペダルまたはハンド・クランクを用い、かつ、人の力により運転する二輪以上の車（レールにより運転する車を除く）であって、身体障害者用の車いす、歩行補助車等および小児用の車以外のもの（人の力を補うため原動機を用いるものであって、内閣府令で定める基準に該当するものを含む）をいう（同法2条1項11号の2）とされています。電動アシスト自転車は自転車として扱われますが、一輪車、原動機付自転車、自動二輪車は自転車に該当しません。

日本産業規格（JIS）では、「ペダル又はハンド・クランクを用い、主に乗員の人力で駆動・操縦され、かつ、駆動車輪をもち、地上を走行する車両の総称」と定義されるようです。

3　通勤

通勤とは、仕事のために自宅と就業場所を往復する行為です。

なお、労災保険では通勤災害の対象となる通勤を定義づけています。

4　自転車通勤の労災上の扱い

労災には、仕事が起因となる業務災害と通勤が起因となる通勤災害の2種類があります。

通勤災害における「通勤」は、就業に関し、①住居と就業の場所との間の往復、②就業の場所から他の就業の場所への移動、③単身赴任先住居と帰省先住所との間の移動を、合理的な経路および方法で行うことをいい、業務の性質を有するものを除きます（労災法7条2項）。

　移動の経路を逸脱し、または移動を中断した場合には、逸脱・中断の間およびその後の移動は通勤にならないのが原則です。ただし、日常生活上必要な行為であって厚生労働省令で定めるものをやむを得ない事由により行うための最小限度のものであった場合には、経路復帰後の移動は通勤と認められます（労災法7条3項）。

　自転車による通勤は一般的に合理的な通勤方法と認められます。勤務先に対して自転車通勤を届けているかどうか、あるいは勤務先が自転車通勤を禁止しているかどうかは、労災上の通勤に該当するかどうかの判断とは直接の関係がありません。したがって、会社に無断で自転車通勤をしていたとしても、合理的な経路である限り、通勤中の負傷・疾病・死亡には労災保険が適用されることになります。

5　自転車通勤の通勤手当の扱い

　自転車通勤を許容している企業では、自転車通勤に対しても通勤手当を支給していると思います。自転車通勤であっても他の通勤方法と同様に一定距離を超える通勤について一定額まで支給される通勤手当が非課税となります。

　なお、通勤方法によって支給される通勤手当が異なる企業がほとんどです。自転車通勤をする際には、きちんと会社に届け出てください。自転車通勤をしながら従前の通勤手当を受給し続けると、通勤手当の不正受給の問題を起こしかねません。

Q27　自転車通勤が増えている背景

> 自転車通勤が増えてきている背景を教えてください。

▶ ▶ ▶ Point

① 環境負荷の低減、国民の健康維持増進、渋滞緩和などの公益増進などに資するものとして、国や自治体が自転車通勤を推進しています。

② 事業者も、経費の削減、生産性の向上、イメージ向上、雇用の拡大などのメリットから、奨励する例が増えています。

③ 従業員も、健康増進、環境にやさしい通勤手段などのメリットから、自転車通勤を選択する方が増えています。

④ 新型コロナウィルス禍をきっかけに、自転車通勤が増加しました。

⑤ シェアリングサービスも自転車通勤の拡大に寄与しています。

1 国や自治体の施策

　環境負荷の低減、災害時における交通機能の維持、国民の健康維持増進、交通の安全確保、渋滞緩和などの公益増進、交通量削減などに資するものとして、自転車の活用推進が求められています。平成29年5月に自転車活用推進法が施行され、平成30年6月に自転車活用推進計画が閣議決定されました（自転車活用推進官民連携協議会「自転車通勤導入に関する手引き」）。それを受けて各自治体においても自転車通勤の推進策がとられてきています。

2 事業者のメリット

　事業者にも、自転車通勤手当の拡充、ロッカースペース・シャワー室の整備、あるいは駐輪場の整備などにより自転車通勤を奨励する例が増えていま

す。

自転車通勤は事業者にとって次のようなメリットがあります。

(1)　経費の削減効果

自転車通勤者の増加により、社用車や駐車場の維持コスト等が削減できる場合があります。

(2)　生産性の向上

自転車通勤による健康増進・リフレッシュ効果に伴って、従業員の生産性が向上することが期待されます。

(3)　企業のイメージ戦略

自転車通勤の推進は、環境保護、SDGs、CSR などの事業者の環境経営戦略にも合致します。

(4)　雇用の拡大

自転車通勤を希望する層は拡大しているところ、自転車通勤を許容していることが従業員の雇用につながることが期待されます。

３　従業員のメリット

自転車通勤を選択する従業員も増加しています。

従業員の立場からみた自転車通勤のメリットは次のようなものが考えられます。

(1)　精神面の健康

仕事のストレスの解消・リフレッシュ、満員電車や渋滞によるストレスの回避、身近な風景を再発見する心の余裕など、精神面での健康増進が期待できます。その結果として、労働生産性の向上も期待できます。

(2)　経済的な通勤手段

自転車通勤のランニングコストは経済的です。自動車や駐車場の維持費用が削減できることもあります。電車の発着時刻待ちや乗換えにかかる時間、あるいは渋滞待ち時間なども削減できるメリットがあります。

⑶　環境にやさしい通勤手段

　自転車通勤自体は温室効果ガスを発生させない通勤手段です。環境にやさしい生活様式に価値を見出す従業員も増加しています。

⑷　身体面の健康

　自転車通勤は、健康的なエクササイズであり、運動習慣につながります。かつ、有酸素運動であり健康増進が期待できます。なお、自転車で無理なく毎日通勤できる距離は、だいたい10km以内といわれます。

４　感染症予防対策

　新型コロナウイルス禍において自転車通勤に対する注目が高まりました。自転車通勤は、公共交通機関による通勤と異なって、いわゆる「密状態」を避けることができる通勤手段です。そのため、利用する方が増加しているようです。

５　環境整備

　自転車のシェアリングサービスの拡大、駐輪場の拡充など、自転車通勤を支える環境も整備されてきています。

Q28　自転車通勤の問題点

> 自転車通勤を検討しています。自転車通勤の問題点があれば教えてください。

▶ ▶ ▶ Point

① 　天候に左右される、交通事故の危険性が高い、盗難の危険があるなどのデメリットもあります。

② 　事業者は、通勤方法を就業規則等により指定することができます。自転車通勤開始前に、自転車通勤の可否や条件などを確認し、所定の手続をとりましょう。

③ 　駐輪場所を確保し無断駐輪トラブルが発生しないようにしてください。

④ 　事故の加害者となる可能性があります。

1　自転車通勤のデメリット

　自転車通勤にはメリットばかりあるわけではありません。デメリットも当然あります。状況に応じて自転車通勤を選択をするのがよいでしょう。

　⑴　天候に左右される

　自転車通勤は他の通勤手段に比べると天候に左右される面が大きいかもしれません。天候が悪化すると事故の危険性も高まります。冬場では降雪が多くて利用が難しい、あるいは夏場ではロッカールームやシャワールームがなければ利用が難しいような地域もあるでしょう。天候によって、あるいは季節によって通勤手段を使い分けることも考えられます。

　⑵　交通事故の危険性が高い

　自転車通勤は、公共交通機関による通勤と比べて、交通事故の危険性が高

いといえます。自動車通勤と比べて、重大な被害を受けやすいリスクもあるでしょう。また、自転車通勤では、公共交通機関による通勤と異なって、事故の被害者だけでなく、加害者にもなってしまう可能性もあります。

(3) 盗難の危険がある

駐輪している自転車は駐輪場所の管理状況によっては容易に盗難に遭ってしまいます。非常に高価な自転車も存在するところです。管理人が常駐する駐輪場を確保する、防犯登録をきちんとするなどの対策が必要です。

2 自転車通勤が許可されていない場合もある

事業者は、施設面の問題あるいは従業員の安全確保の観点から、従業員の通勤方法を就業規則等により指定することができます。そして、自転車通勤は、駐輪場が確保できない、事故のリスクが公共交通機関による通勤に比べて高いなどといった理由で、使用者により禁止されていることがあります。また、禁止されていない場合であっても、許可制となっており賠償責任保険の付保や駐輪場の確保等の条件が付されていることがあります。自転車通勤を開始する前に、勤務先に自転車通勤の可否や条件などを確認し、所定の手続をとりましょう。

3 駐輪場の確保

会社に駐輪スペースがない、あるいは会社が駐輪場を用意できない場合には、従業員が駅や会社付近の公共の駐輪場や民間駐輪場をチェックして駐輪場所を確保する必要があります。無断駐輪によるトラブルを発生させないようにしてください。なお、盗難防止の観点からは、管理人が常駐するような駐輪場が安心です。

4 自転車事故の責任

自転車通勤では、公共交通機関による通勤と異なって、事故の加害者とな

る可能性があります。事故の責任には、次のとおり民事上の責任、刑事上の責任、行政上の責任の三つがあります。

(1)　民事上の責任

民事上の責任は、不法行為に基づく損害賠償責任です（民法709条）。9000万円を超える高額の賠償が認められた例も紹介されています（東京地裁平成20年6月5日判決・自保ジャーナル1748号2頁、神戸地裁平成25年7月4日判決・判時2197号84頁）。自転車事故の損害賠償は高額化の傾向があり、自転車の利用には1億円以上の個人賠償責任保険の付保が必須となっています。条例で賠償責任保険の付保を義務づける例が増えています。なお、自転車通勤事故においては勤務先も使用者責任（民法715条）を負うリスクが存在します。

(2)　刑事上の責任

悪質な態様の運転が原因の人身事故や被害が大きい人身事故に関しては、刑事事件として立件されることがあります。過失傷害罪（刑法209条：30万円以下の罰金または科料）、過失致死罪（同法210条：50万円以下の罰金）、あるいは重過失致死傷罪（同法211条後段：5年以下の懲役・禁錮または100万円以下の罰金）、ひき逃げの場合の道路交通法の救護義務違反（1年以下の懲役または10万円以下の罰金）あるいは報告義務違反（3ヵ月以下の懲役または5万円以下の罰金）の成立が考えられます。自転車による危険運転行為が社会問題化しており、実刑判決が出る可能性もあります。

(3)　行政上の責任

行政上の責任の処分を課されるケースもあります。自転車自体は免許が必要ありませんが、自動車運転免許保有者が自転車により交通事故を起こした場合、自動車等を運転することが著しく道路における交通の危険を生じさせるおそれがあると判断された場合は、運転免許の取消しや停止処分がなされることがあります。

Ⅱ　自転車通勤のトラブル

Q29　勤務先が自転車通勤を禁止することができるか

> 　勤務先に自転車での通勤を申し出たのですが、「うちでは通勤規程により自転車通勤が禁止されている」といわれました。このような勤務先の対応には問題はないのでしょうか。

▶ ▶ ▶ Point

① 　事業者が自転車通勤を許容すると、駐輪場など施設面で問題が生じ、あるいは従業員の通勤事故が発生するなどのリスクを負いかねません。

② 　事業者が、施設面の制約や従業員の安全確保などを目的として通勤方法を指定することは、合理的なものとして認められています。

③ 　事業者が自転車通勤を禁止することも原則として許容されます。

④ 　新たに自転車通勤を禁止することが労働契約の不利益変更に該当すれば、その合理性が厳しく判断されます。

１　自転車通勤のリスクや問題

　自転車通勤には、よい運動となり従業員が心身共に健康になる、環境にやさしい通勤手段である、密を避けられるなどのメリットがあります。

　一方で、自転車通勤は、公共交通機関を利用した通勤に比べ、事故に遭う、あるいは事故を引き起こすリスクが高いといえます。また、駐輪場がないなど設備面で自転車通勤を許容できない事情もあると思います。そのため、就業規則等により、自転車通勤を禁止している企業も珍しくはありません。

② 使用者は通勤方法を指定することができるか

　就業規則は、雇用契約締結時に「労働契約の内容は就業規則による」と合意されていた場合はもちろん、そうではない場合も労働者に周知されていることを前提にその内容が「合理的」な限りで、労働契約の内容となります（労働契約法7条）。

　就業規則による従業員の通勤方法の指定も、その内容が合理的なものである限りは有効です。そして、労働者は条件を承諾したうえで使用者との雇用関係に入ったとみられますから、企業の人事管理上の必要性がある限りは、例外的に労働者の権利利益を不当に制限しない限り、その合理性は否定されない傾向にあります。

　通勤方法の指定は、施設面での制約や従業員の安全確保など人事管理上の必要性が一般的に認められますから、原則として合理性が肯定されます。実際に、多くの企業は、就業規則、通勤規程、給与規程等によって従業員の通勤方法を指定しています。

③ 使用者は自転車通勤を禁止することができるか

　通勤方法の指定の一態様として自転車通勤の禁止があげられます。就業規則による自転車通勤の禁止も、その合理性が認められる限り有効なものと認められます。

　事業者には、特に都市部で、駐輪場を用意できない等の設備面の制約があります。また、自転車の利用は交通事故などの危険を伴います。使用者は、従業員への安全配慮義務を負っており、通勤事故の危険への懸念をもつことも当然です。施設面の制約あるいは従業員の安全確保からは自転車通勤を禁止する人事管理上の必要性が一般的に認められるでしょう。

　通勤の手段として公共交通機関を利用することは通常合理的です。電車やバスなど代替される公共交通機関が利用できるのであれば、労働者が通勤に

自転車を利用する必要性は必ずしも強くはありません。自転車通勤の禁止が労働者の権利・利益を不相当に制限するものとみられるケースは少ないでしょう。

　労働者の権利・利益を不相当に制限すると評価される例外的なケースでない限り、就業規則による自転車通勤の禁止は合理的なものとして許容されるでしょう。

　なお、自転車通勤の禁止が許容されている場合であっても、自転車を利用しないと通勤ができない特別な事情がある従業員がいる場合は、事業者として個別の対応が要求されることが考えられます。

4　不利益変更となるケース

　就業規則あるいは個別の労働契約において、従前に自転車通勤が認められていたケースでは、新たに就業規則により自転車通勤を禁止する行為は、就業規則による労働契約の不利益変更に該当し得ます。

　不利益変更となるケースでは、原則として労働者の合意が要求されます（労働契約法9条）。もっとも、変更後の就業規則を労働者に周知をさせ、かつ、就業規則の変更が、労働者の受ける不利益の程度、労働条件の変更の必要性、変更後の就業規則の内容の相当性、労働組合等との交渉の状況その他の就業規則の変更に係る事情に照らして合理的なものであるときは、変更後の就業規則の内容が労働契約の内容となります（同法10条）。

　前述のとおり、自転車通勤の禁止は、設備面の問題あるいは使用者の安全配慮義務の存在の観点から、合理性が認められるケースが多いと思います。しかし、不利益変更は労働条件が使用者によって一方的に変更される場面です。その合理性は厳しく判断されます。労働者に、代替できる適当な通勤手段がない、公共交通機関を利用できない等、具体的に自転車通勤を必要とする事情があるようなケースでは、自転車通勤を禁止する合理性が否定される可能性もあります。

Q30　自転車通勤を始めるときの注意点

> 今まで電車通勤だったのですが、健康のために自転車通勤を始めたいと思います。何か気をつけることはありますか。

▶▶▶ Point
① 勤務先に自転車通勤が許容されているかどうかを確認してください。
② 勤務先が駐輪場を確保できないのであれば、ご自身で駐輪場の確保をしてください。
③ 自転車通勤を始める際には、自転車事故に対応した賠償責任保険に加入してください。
④ 盗難補償保険にも加入しておいたほうが安心でしょう。
⑤ 必ず勤務先に所定の方法により届け出てください。
⑥ 自転車通勤にも通勤災害が適用されます。

1　自転車通勤が許されているかの確認

　自転車通勤を始めるにあたっては、まず、勤務先に自転車通勤が許容されているかどうかを確認してください。使用者は就業規則等で従業員の通勤方法を指定できるところ従業員の安全確保や施設上の問題から自転車通勤を禁止している企業も存在します。また、自転車通勤を許可するための条件を定めている企業もあります。通勤方法の指定や許可制にすることは一般に合理性が認められています。許可なく自転車通勤をすることは就業規則違反となる可能性があります。

2　駐輪場の確保

　勤務先が駐輪場を確保できないのであれば、ご自身で駐輪場の確保をしてください。駐輪場の確保が自転車通勤の許可条件となっているケースも多いでしょう。迷惑駐輪をしてしまうと、自転車を撤去されて多額の撤去・保管費用を徴収されたり、勤務先へ苦情を持ち込まれるかもしれません。もちろん、迷惑駐輪自体が他人の所有管理土地（建物）への侵害行為であり、美観風致や道路の安全を害する行為でもあります。

　なお、防犯対策がしっかりとられている駐輪場を利用するようにしましょう。警視庁ウェブサイト「『自転車盗』の防犯対策」では、安易に人が入場できない構造で、車体をつなぐ固定物があり、さらにロックがかかる設備がある場所、フェンス等が設置してあり、夜間でも照明設備で明るさと見通しが確保されている場所、管理人が常駐している、または防犯カメラが設置されている場所がそのような駐輪場所として例示されています。

3　賠償責任保険

　自転車通勤を始める際には、個人賠償責任保険、自動車保険など各種保険に付帯される保険、あるいはTSマーク付帯保険など、自転車事故に対応した賠償責任保険に加入してください。自転車が加害者となる交通事故において9000万円を超える賠償義務が命じられた例があるなど、損害賠償の高額化の傾向にあります。加入するのは、賠償責任1億円以上の保険がよいでしょう。

4　盗難保険

　愛好者によっては数十万円以上もする高価な自転車が楽しまれています。高価な自転車を利用する場合には、盗難補償保険にも加入しておいたほうが安心でしょう。

5　通勤方法・経路の届出

　勤務先では、従業員が勤務先に対して届け出た通勤方法および経路に基づいて計算された通勤手当が支給されることが通常です。通勤方法あるいは経路に変更があったら、勤務先に所定の方法により届け出てください。

　自転車通勤を始めたにもかかわらず、本来受け取るべきではない従前の通勤手当を受給し続けた場合には、通勤手当の不正受給の問題となります。不正受給分の通勤手当は損害賠償金（民法709条）あるいは不当利得金（同法708条）として返還しなければなりませんし、就業規則の定めに従って懲戒処分を受けることもあります。悪質な例では詐欺罪（刑法246条）に問われる可能性もあります。

6　労災の取扱いの注意点

　通勤災害による労災保険給付の対象となる「通勤」は、「合理的な経路及び方法により行うこと」を要求されます（労災法7条2項）。自転車は一般に通勤の合理的方法ですので、「合理的な経路」を移動中のけがであれば通勤災害が適用されます。これに対し、合理的な理由もなく著しく遠回りとなる経路をとるのは合理的な経路とはいえません。

　また、自転車通勤では、さまざまな立ち寄りがあるかもしれません。「逸脱」および「中断」に気をつけてください。逸脱（通勤の途中において就業または通勤とは関係のない目的で合理的な経路をそれること）あるいは中断（通勤経路上において通勤とは関係のない行為を行うこと）があった場合には、その逸脱・中断の間およびその後の移動は「通勤」とされません。例外として、逸脱・中断が、日常生活上必要な行為であって厚生労働省令で定めるものをやむを得ない事由により行うための最小限度のものである場合は、逸脱および中断の間を除き「通勤」に該当し（労災法7条3項）、この場合には、通勤再開後の移動中の事故に通勤災害が適用されることになります。

Q31　通勤手当の不正受給

　今まで電車通勤だったのですが、健康のために自転車通勤を始めました。そのことを会社に届けていなかったのですが、先日会社に自転車通勤をしていることがわかってしまい、通勤手当の返還を求められました。私の行動には問題があったのでしょうか。

▶ ▶ ▶ Point
① 会社に通勤方法の変更を届け出ずに、従前の通勤手当を受給し続けてしまうと、通勤手当の不正受給となりかねません。
② 通勤手当の不正受給が判明した場合、勤務先に対して不正受給分を不当利得として返還しなければなりません。
③ 通勤手当の不正受給は会社の秩序を乱す行為として、就業規則の定めに従って懲戒処分を受けることがあります。
④ 通勤手当の不正受給行為には詐欺罪が成立する可能性があります。

1　通勤手当の不正受給

　通勤手当は、従業員が会社に通勤するための移動費用として支給される手当です。勤務先が通勤手当を設定するかどうかは任意です。通勤手当支給の有無や方法は、就業規則、賃金規程あるいは通勤規程に定められ、労働契約の内容となっています。また、通勤手当は一定の距離以上の通勤について一定額までが非課税となります。そのため、通勤手当は、従業員の申請した通勤方法・経路に応じて非課税の範囲内にて支給されることが多いようです。

　従業員が通勤方法を変える、通勤経路を変えるような場合には、勤務先に変更を申請しなければなりません。故意に申請しない場合はもちろんです

が、うっかり申請を忘れてしまって、本来支給を受ける通勤手当よりも多い通勤手当を受給してしまうと、通勤手当の不正受給となってしまいます。

　「交通費を節約するだけだ」などと軽く考えて通勤手当の不正受給をしてしまうケースも少なくないです。しかし、そのペナルティーは思ったよりも重いものとなります。通勤手当の不正受給のペナルティーとしては、①民事上の責任（返還義務）、②労働契約上の制裁（懲戒処分）、③刑事上の責任（刑事処分）が考えられます。

② 民事上の責任

　通勤手当の不正受給が判明した場合、従業員は勤務先に対して不正受給分を不当利得として返還しなければなりません（民法703条）。不正受給分の手当は法律上正当な理由なく得た利得になるからです。時効との関係で最大10年間分さかのぼって返還を求められ（同法166条）、返還額が多額になることもあります。故意の不正受給の場合（悪意の受益者に該当する場合）には不当利得に利息を含めて返還しなければならない可能性もあります（同法704条）。

　なお、不正受給は勤務先に対する不法行為にも該当するでしょう。従業員は、不法行為に基づく損害賠償としても不正受給分の返還を求められ得ることになります（民法709条）。

③ 労働契約上の制裁

　通勤手当の不正受給は会社の秩序を乱す行為でもあります。就業規則の懲戒事由の定めに従って懲戒処分を受けることがあります。

　懲戒処分の妥当性はケース・バイ・ケースで判断されることになります。住民票を偽造するなど悪質な態様で通勤手当を不正受給をしていた場合には出勤停止や減給など重い処分も妥当とされます。加えて不正受給額が多額になっている場合には懲戒解雇が妥当とされるケースもありうるでしょう。

　一方で、うっかり申請を忘れていただけで不正受給額も小さいようなケー

スでは、懲戒処分を見送る、あるいは軽い処分である注意・譴責で済ます、ことになります。

　なお、処分を軽くしてもらうためには、消滅時効期間が経過した時期の不正受給であっても、消滅時効を援用せずに、自主的に返還することになるでしょう。

4 刑事上の責任

　通勤手当の不正受給に対するペナルティーは返還義務や懲戒処分だけではありません。勤務先が被害届を提出しあるいは刑事告訴をすると、詐欺罪（刑法246条）として刑事処分を受ける可能性があります。法定刑は、10年以下の懲役です。

　特に、偽造・変造した住民票や定期券などの証明書類を勤務先に提出して（それ自体に文書偽造の罪も成立します）、勤務先を騙したような悪質な態様の行為には、重い刑事処分を課されるリスクがあります。

III 労災保険における通勤災害

Q32 労災保険

自転車通勤災害に関係する労災保険とはどのようなものでしょうか。

▶ ▶ ▶ Point

① 労災保険は、業務上の事由または通勤による労働者の負傷・疾病・障害 または死亡に対して保険給付を行う制度です。

② 労働者を一人でも雇っていれば適用事業所となります。

③ 使用者の指揮命令下で労働し賃金を支払われる者であれば「労働者」で あり、雇用形態は問われません。

④ 労務提供者が「労働者」であるか否かは、労働者性（支配従属関係）が 認められるかにより判断されます。

1 労災保険

　労災保険は、業務上の事由または通勤による労働者の負傷・疾病・障害ま たは死亡に対して、労働者やその遺族のため必要な保険給付を行う労働者災 害補償保険法に基づく制度です。

2 適用事業所

　労災法において、「労働者を使用する事業を適用事業とする」（同法3条1 項）と定められています。よって、「労働者」を一人でも雇っていれば原則 として「適用事業所」となります。

③　適用労働者

　労災法にいう「労働者」は、労基法等の「労働者」と同義とされています。すなわち、「労働者」とは、「職業の種類を問わず、事業又は事務所……に使用される者で、賃金を支払われる者」（同法9条）をいいます。使用者の指揮命令下で労働し賃金を支払われる者であれば「労働者」であり、正社員、契約社員、パートタイマー、アルバイトなど雇用形態は問われません。

　一方、労務提供者が委任契約や請負契約に基づいて独立して労務提供をしていた場合には、労働者性が否定され労災保険が適用されません。委任、請負とともに雇用は労務提供型の契約ですが、雇用と前二者との大きな違いは支配従属関係の有無となります。支配従属関係があれば雇用契約関係と判断され、労務提供者は「労働者」とみられます。

④　労働者性の判断基準

　労務提供者が「労働者」であるか否かは、契約の形式的な文言によって決められるわけではありません。労働関係の実態に基づいて、諸々の事情を総合考慮して労働者性（支配従属関係）の有無を判断します。

　総合考慮する際の判断要素としては、①仕事の依頼、業務の指示等に対する諾否の自由の有無、②業務遂行上の指揮命令の有無、③時間的・場所的拘束性の有無、④労務提供の代替可能性の有無、⑤報酬の算定・支払方法（労働対償性）が主要な判断要素として、⑥機械・器具の負担関係、報酬の額等に現れた事業者性、⑦専属性の程度、⑧公租公課の負担等が補足的な判断要素として、あげられています（昭和60年労働基準法研究会報告「労働基準法の『労働者』の判断基準について」）。行政実務や裁判例でもおおむね同様な判断過程により労働者性の有無が判断されています。

Q33　労災保険の適用が問題となるケース

> 　派遣労働者が自転車通勤中に事故に遭いましたが労災保険が適用されるでしょうか。また、その他労災保険の適用が問題となるケースがありますか。

▶ ▶ ▶ Point

① 　派遣労働者にも労災保険が適用されますが、派遣元会社の労災保険を使うことになります。

② 　出向労働者にも労災保険が適用されますが、出向先の労災保険が適用になります。

③ 　技能実修生にも労災保険が適用されますが、研修生は通常「労働者」に該当しません。

④ 　テレワークを行う従業員についても、業務災害あるいは通勤災害と認められる限りで労災適用が認められます。

1　適用労働者

　労災保険にいう「労働者」は、「職業の種類を問わず、事業又は事務所……に使用される者で、賃金を支払われる者」（労基法9条）をいいます。使用者の指揮命令下で労働し賃金を支払われる者であれば「労働者」であり、雇用の形態を問いません。

2　派遣労働者

　派遣労働者は、もちろん、指揮命令下で労働し賃金を支払われる者、すなわち「労働者」に該当します。

　派遣労働者は派遣先ではなく派遣元との雇用契約に基づいて労働していま
す。そこで、派遣労働者については、「派遣元事業主を労災保険の適用事業
とすることが適当である」（昭和61年6月30日・基発第383号・各都道府県労働
基準局長、各都道府県知事あて労働大臣官房長、労働省労働基準局長通達「労働
者派遣事業に対する労働保険の適用及び派遣労働者に係る労働者災害補償保険の
給付に関する留意事項等について」）とされています（労働保険料徴収法におい
ても、派遣労働者に関する労働保険料は派遣元が負担することになっています）。
派遣社員が労災を受ける場合には、派遣元会社の労災保険を使うことになり
ます。

3　出向労働者

　出向労働者は、もちろん、指揮命令下で労働し賃金を支払われる者、すな
わち「労働者」に該当します。

　出向者については、実際に指揮命令をしている出向先の労災保険の適用を
受けます。すなわち「出向労働者が、出向先事業の組織に組み入れられ、出
向先事業場の他の労働者と同様の立場（ただし、身分関係及び賃金関係を除
く）で、出向先事業主の指揮監督を受けて労働に従事している場合には、た
とえ、……出向元事業主から賃金名目の金銭給付を受けている場合であって
も、当該出向労働者を出向先事業に係る保険関係によるものとして取り扱う
こと」（昭和35年11月2日・基発第932号・各都道府県労働基準局長あて労働省労
働基準局長通達「出向労働者に対する労働者災害補償保険法の適用について」）と
されています。

4　技能実習生

　技能実習生は、受入れ事業場との雇用関係の下に報酬を受けることとされ
ており、「労働者」に該当します。労災保険も当然に適用されます。

　なお、研修生は、報酬を受ける活動が禁止されていることもあり（入管法

19条1項2号）、一般には労働基準法上の「労働者」とはならないとされています。

5　テレワークを行う従業員

　新型コロナウィルス禍では通勤および職場内での人との接触を避けるため、テレワークが推進されています。また新しい働き方の一環として「ワーケーション」（WorkとVacationを合わせた造語）などの提案もされています。

　在宅勤務のケースでも、業務遂行性と業務起因性により業務災害かどうか、通勤中といえるかにより通勤災害かどうかが判断されるのは同じです。

　在宅勤務をしながらも報告等のために一時的な出社が求められている場合の出社あるいは帰宅中の自転車事故については通勤災害として、在宅勤務に伴う（私的行為ではない）自転車による移動中の事故については業務遂行性と業務起因性が認められる限りで業務災害として、判断されます。なお、「情報通信機器を活用した在宅勤務の適切な導入及び実施のためのガイドラインの改訂について」（平成20年7月28日・基発第0728001号・厚生労働省労働基準局長通達）では、「労働者災害補償保険においては、業務が原因である災害については、業務上の災害として保険給付の対象となる。したがって、自宅における私的行為が原因であるものは、業務上の災害とはならない」とされています。

Q34　通勤災害

従業員が自転車で帰宅中にけがをしましたが、労災保険を使えるのでしょうか。

▶ ▶ ▶ Point

① 事業者は従業員のけがなどが発生した場合には労災であるかどうかの確認をしなければいけません。

② 通勤途中のけがは「通勤災害」として、労災適用の可能性があります。

③ 通勤とは、住居と就業の場所との間の往復などの移動を合理的な経路および方法により行うことです。

④ 住居（家）と就業の場所（会社等）との間の往復以外の移動でも「通勤災害」として認められる場合があります。

1　従業員のけがと労災保険

事業者は、従業員に労働災害となるけがや病気が発生した場合、必ず労働基準監督署へ報告する必要があります（労働安全衛生法100条・120条）。労働災害は、労災法によって定められています。事業者としては業務と関連しうる従業員の負傷や疾病などが発生した場合には、労災保険の適用のある労働災害（労災）であるかどうかの確認をする必要があります。

なお、けが等の原因が「業務外」の事由によるときは、労災保険給付は行われず、健康保険を使用することになります。

2　業務災害と通勤災害

労災には、業務災害と通勤災害があります。

　業務災害は、「労働者の業務上の負傷、疾病、障害又は死亡」（労災法7条1項1号）です。「業務遂行性」（使用者の支配ないし管理下にある中でといった広い意味）および「業務起因性」（業務とけが等との間に相当因果関係があること）が要件となります。労災とイメージしやすいケースです。

　しかし、労災は仕事中のけが等に限りません。「通勤災害」も労災です。

③　通勤災害と認められる要件

　通勤災害は、「労働者の通勤による負傷、疾病、障害又は死亡」（労災法7条1項3号）です。「通勤」とは、労働者が就業に関し次の①～③に掲げる移動を、合理的な経路および方法により行うことと定められています（同条2項）。

①　住居と就業の場所との間の往復

②　就業の場所から他の就業の場所への移動

③　上記①の往復に先行し、または後続する住居間の移動

　また、移動経路の逸脱または移動の中断があれば、逸脱または中断の間およびその後の①～③に掲げる移動は、通勤としない（ただし、逸脱または中断が、日常生活上必要な行為であって厚生労働省令で定めるものをやむを得ない事由により行うための最小限度のものである場合は、逸脱または中断の間を除き、この限りでない）とも定めています（労災法7条3項）。

④　就業の場所

　就業の場所とは、「業務を開始し、又は終了する場所をいう。……本来の業務を行う場所のほか、物品を得意先に届けてその届け出先から直接帰宅する場合の物品の届け先、全員参加で出勤扱いとなる会社主催の運動会の会場等がこれにあたることとなる」（労務行政405頁）とされています。

5　就業の場所から他の就業の場所への移動

　就業の場所から他の就業の場所への移動とは、「複数の異なる事業場で働く労働者については、一つ目の就業の場所での勤務が終了した後に、二つ目の就業の場所へ向かう場合の移動をいいます」（東京労働局ウェブサイト「通勤災害について」）とされています。副業・兼業については「新たな技術の開発、オープンイノベーションや起業の手段、第2の人生の準備として有効」（「働き方改革実行計画（概要）」平成29年3月28日働き方改革実現会議決定）と推進されていることもあり、今後の増加が見込まれています。

　A事業場からB事業場への移動時の通勤災害については「事業場間移動は当該移動の終点たる事業場において労務の提供を行うために行なわれる通勤であると考えられ、当該移動の間に起った災害に関する保険関係の処理については、終点たる事業場の保険関係で行うものとしている」とされています（平成18年3月31日・基発第0331042号・都道府県労働局長あて厚生労働省労働基準局長通知「労働者災害補償保険法の一部改正の施行及び労働者災害補償保険法施行規則及び労働者災害補償保険特別支給金支給規則の一部を改正する省令の施行について」）。したがって、B事業場の保険関係で手続を行うことになります。

Q35　自転車通勤が通勤災害の適用対象となるか

　従業員が自転車で通勤途中に転倒し、けがを負いました。このような場合、通勤災害と認定されますか。

▶ ▶ ▶ Point

① 「通勤災害」における「通勤」とは、就業に関し、住居と就業場所との間の往復等定められた移動を、合理的な経路および方法により行うことです。

② 自転車による通勤は、一般的には合理的な方法による通勤です。

③ 通勤災害の適用には合理的な経路であることも要求されます。特段の理由もなく著しく遠回りとなる経路を利用した場合は、合理的な経路とならず通勤災害と認定されません。

1 「通勤災害」による労災保険給付

　「通勤災害」による労災保険給付は、「労働者の通勤による負傷、疾病、障害又は死亡に関する保険給付」です（労災法7条1項3号）。「通勤」とは、「労働者が、就業に関し、次に掲げる移動を、合理的な経路及び方法により行うことをいい、業務の性質を有するものを除くものとする」と定められています（同条2項）。

　次に掲げる移動とは、次のものです。

① 住居と就業の場所との間の往復

② 就業の場所から他の就業場所への移動

③ 上記①の往復に先行し、または後続する住居間の移動

2　合理的な方法

　通勤災害の適用に際しては、通勤手段は限定されていません。通勤手段を問わず「合理的な方法」と認められればよいわけです。

　そして、「鉄道、バス等の公共交通機関を利用し、自動車、自転車等を本来の用途に従って使用する場合、徒歩の場合等、通常用いられる交通方法は、一般に合理的方法と認められる」とされています（労災管理課194頁）。したがって、自転車通勤は「合理的な方法」と一般的に認められます。

　なお、自転車通勤が例外的に合理的な方法と認められない例もあり、「例えば、免許を一度も取得したことのないような者が自動車を運転する場合、自動車、自転車等を泥酔して運転するような場合には、合理的な方法と認められない」（昭和48年11月22日・基発第644号・各都道府県労働基準局長あて労働省労働基準局長通達「労働者災害補償保険法の一部を改正する法律等の施行について」）とされています。

　具体的には、帰宅途中において過度の飲酒をし、水田に転落し溺死した災害において「被災者は自転車の運転は勿論歩行することさえ困難な状況に陥っていたと認められ、このような状態で自転車を運転したり歩行することは通勤のための合理的な方法とはいえない。したがって、本件災害は通勤災害とは認められない」と裁決された例があります（昭和63年10月19日・昭和63年労174号。労務行政研究所399頁）。また、「なお、飲酒運転の場合、単なる免許証不携帯、免許証更新忘れによる無免許運転の場合等は、必ずしも、合理性を欠くものとして取り扱う必要はないが、この場合において、諸般の事情を勘案し、給付の支給制限が行なわれることがあることは当然である」（前出・昭和48年11月22日・基発第644号）ともされています。

3　合理的な経路

　自転車も通勤災害の要求する合理的な通勤方法と認められますが、通勤災

害の適用には「合理的な経路」であることも要求されます。

　合理的な経路については、「労働者が通勤のために通常利用する経路であれば、そのような経路が複数あったとしても、それらの経路はいずれも合理的な経路となる。したがって、乗車定期券に表示され、あるいは、会社に届け出ているような鉄道、バス等の通常利用する経路及び通常これに代替することが考えられる経路等が合理的な経路となることはいうまでもない。……しかし、……特段の合理的な理由もなく著しく遠回りとなるような経路を取る場合には、これは合理的な経路とは認められないことはいうまでもない。また、経路は、手段とあわせて合理的なものであることを要し、鉄道線路、鉄橋、トンネル等を歩行して通る場合は、合理的な経路とはならない」（労務行政研究所393頁）とされています。

4 設問の事例

　設問の事例でも、自転車による通勤は合理的な方法として、合理的な経路によっている限り、通勤災害の適用があるでしょう。

Q36 会社に無届けの自転車通勤が通勤災害の対象となるか

> 勤務先に自転車通勤をすることの届出をしないまま通勤手当を受け取っていましたが、自転車を利用して通勤する途中に転倒してけがを負いました。このような場合、通勤災害と認定されますか。このようなケースでほかに気をつけておいたほうがよいことはありますか。

▶▶▶ Point

① 勤務先に届けていない自転車通勤中の事故であっても「通勤」であれば、「通勤災害」と認定されます。

② 自転車を本来の用途に従って使用する等、通常用いられる交通方法は、一般に合理的方法と認められます。合理的な経路であれば、通勤と認定されます。

③ 通勤方法の届出が要求されていた場合、あるいは自転車通勤が禁止されていた場合には、懲戒対象となることがあります。

④ 通勤手当の不正受給にあたる場合には、不正受給分の通勤手当を勤務先に対して返還しなければなりません。

1 通勤災害

通勤災害は、「労働者の通勤による負傷、疾病、障害又は死亡」（労災法7条1項3号）です。「通勤」とは、労働者が「就業に関し」次に掲げる移動を「合理的な経路及び方法」により行うことと定められています（同条2項）。

① 住居と就業の場所との間の往復

②　就業の場所から他の就業の場所への移動

③　上記①の往復に先行し、または後続する住居間の移動

2　通勤災害の適用

　通勤災害の適用と、当該通勤方法が勤務先に届けられていたかどうかとは直接の関係がありません。勤務先に届けていない自転車通勤中の事故であっても「就業に関し」「合理的な経路及び方法」によりなされた「住居と就業の場所の間の往復」等の移動である「通勤」であれば、「通勤災害」と認定されます。

　このことは、勤務先によって自転車通勤が禁止されていた場合でも同じです。

3　合理的な方法

　「合理的な方法」については「鉄道、バス等の公共交通機関を利用し、自動車、自転車等を本来の用途に従って使用する場合、徒歩の場合等、通常用いられる交通方法は、当該労働者が平常用いているか否かにかかわらず一般に合理的方法と認められる」（労務行政404頁）とされています。

　勤務先に届け出ていない通勤手段であっても自転車による通勤は、一般的に合理的な方法による通勤として「通勤災害」と認められ得ます。

　もちろん、「逸脱」（通勤の途中において就業または通勤とは関係のない目的で合理的な経路をそれること）または「中断」（通勤の経路上において通勤とは関係のない行為を行うこと）した場合は、逸脱または中断の間およびその後の移動が通勤とされません。逸脱または中断が、日常生活上必要な行為あって厚生労働省令で定めるもの（日用品の購入その他これに準ずる行為等）をやむを得ない事由により行うための最小限度のものである場合に限って、逸脱または中断の間を除いて通勤と認定され（労災法7条3項）、通勤復帰後の事故は通勤災害と認定され得ます。

4 通勤方法の届出が要求されていた場合

　就業規則や通勤規程などにおいて通勤方法の届出が要求されていた場合、あるいは自転車通勤が禁止されていた場合には、勤務先に無断で自転車通勤をしていたことが勤務先にわかると懲戒対象となることがあります。

　「表彰及び懲戒の定めをする場合においては、その種類及び程度に関する事項」は就業規則の「相対的必要記載事項」です（労基法89条）。また「使用者が労働者を懲戒するには、あらかじめ就業規則において懲戒の種別および事由を定めておくことを要する」とされています（最高裁平成15年10月10日判決・判時1840号144頁）。

5 懲戒処分

　懲戒処分は、就業規則の規定に従って、当該懲戒に係る労働者の行為の性質および態様その他の事情に照らして客観的に合理的な理由に基づき社会通念上相当と認められる範囲内でなされます（労働契約法15条）。通勤方法の届出を怠っただけでは重い懲戒処分を課されることはないでしょう。しかし、通勤手当を不正に受け取っていたような事例で、その金額が多額に上ったり、偽造した定期券や住民票の提出などの悪質な行為が伴うケースでは、出勤停止、解雇、懲戒解雇等の重い処分もあり得ます。

　通勤経路を変更した旨の申告をしないまま、定期券購入費用の差額（平成21年4月〜平成23年10月まで）計15万1980円を不正に受給したとして「諭旨退職処分」を受けた従業員が処分無効を争った事案について、「本件不正受給に対し、職員としての身分を剥奪する程に重大な懲戒処分をもって臨むことは、被告基金における企業秩序維持の制裁として重きに過ぎるといわざるを得ない」とし、諭旨退職処分を無効としたものがあります（東京地裁平成25年1月25日判決・労判1070号72頁〔全国建設厚生年金基金事件〕）。

6 不正受給分の通勤手当の返還

　なお、通勤手当の不正受給にあたる場合に、不正受給分の通勤手当を不当利得として勤務先に対して返還しなければならないことは当然です（民法703条）。時効との関係では最大10年間さかのぼって返還を求められ得ます（同法166条）。そのため、返還額が多額になることもあります。

　また、通勤手当の不正受給行為は勤務先に対する不法行為（民法709条）にも該当し得ます。

Q37　移動経路の逸脱・移動の中断①

従業員が自転車に乗って帰宅途中、日用品の購入で立ち寄った店舗内で転倒し、けがを負いました。このような場合、通勤災害と認定されますか。店舗から出て帰宅を再開した後に事故に遭ってけがをしたときはどうでしょうか。

▶ ▶ ▶ Point

① 通勤移動中に、その経路を逸脱し、または移動を中断した場合には、原則として、逸脱、中断の間およびその後の移動は通勤に該当しません。

② 逸脱、中断が、日常生活上必要な行為であって厚生労働省令で定めるものをやむを得ない事由により行うための最小限度のものである場合には、逸脱および中断の間を除き通勤となります。

③ なお、経路の途中で通常行うようなささいな行為は、そもそも逸脱、中断には該当しません。

1　移動の経路の逸脱、移動の中断

労災法では、「労働者が、……移動の経路を逸脱し、又は……移動を中断した場合においては、当該逸脱又は中断の間及びその後の……移動は……通勤としない」（同法７条３項）と定めています。「逸脱」または「中断」の間およびその後の移動は「通勤」とはならず、事故に遭っても通勤災害には該当しないということです。

「逸脱」とは、通勤の途中において就業または通勤とは関係のない目的で合理的な経路をそれることをいい、「中断」とは、通勤経路上において通勤とは関係のない行為を行うことをいいます（労災管理課195頁）。

2　逸脱・中断の例外

　通勤の途中で逸脱・中断があると、その後の移動は通勤とはなりません。ただし、例外として、「逸脱・中断が、日常生活上必要な行為であつて厚生労働省令で定めるものをやむを得ない事由により行うための最小限度のものである場合は、当該逸脱又は中断の間を除き、この限りでない」（労災法7条3項）と定められています。逸脱および中断の間を除き「通勤」となり、通勤再開後に事故に遭った場合は通勤災害に該当します。

　例外として「厚生労働省令で定めるもの」とは、①日用品の購入その他これに準ずる行為、②職業訓練、学校教育法1条に規定する学校において行われる教育その他これに準ずる教育訓練であって職業能力の開発向上に資するものを受ける行為、③選挙権の行使その他これに準ずる行為、④病院または診療所において診察または治療を受けることその他これに準ずる行為です（昭和48年11月22日・基発第644号）。

　①のケースとして、「帰途で惣菜等を購入する場合、独身者が食堂に食事に立ち寄る場合、クリーニング店に立ち寄る場合」が例示されています（前出・昭和48年11月22日・基発第644号）。ただし、「妻帯者が通勤の途中で食事をとる行為（昭和49年8月28日・基収第2105号）、退勤途中喫茶店でコーヒーを飲む行為（昭和49年11月15日・基収第1867号）、帰宅途中交通事故写真展示会場に立ち寄る行為（昭和49年11月27日・基収第3051号）は、いずれも日用品の購入その他これに準ずる日常生活上必要な行為をやむを得ない事由により行うための最小限度のものに該当しない」とされています（労災管理課199頁）。「やむを得ない事由」がなく、あるいは「最小限度のもの」ではない場合には、通勤再開後の移動中の事故も通勤災害とは認定されません。

3　逸脱・中断に該当しない例

　経路の途中で通常行うようなささいな行為は、そもそも逸脱・中断には該

当しません。その例として次のようなものがあげられています。①経路の近くにある公衆便所を使用する場合、②帰途に経路の近くにある公園で短時間休息する場合、③経路上の店でタバコ、雑誌等を購入する場合、④駅構内でジュースの立飲みをする場合、⑤経路上の店で渇きをいやすため、ごく短時間、お茶、ビール等を飲む場合、経路上で商売をしている大道の手相見、人相見に立ち寄って、ごく短時間手相や人相をみてもらう場合等です（前出・昭和48年11月22日・基発第644号）。

これに対して、「飲み屋やビヤホール等において、長時間にわたって腰をおちつけるに至った場合や、経路からはずれ又は門戸を構えた観相家のところで、長時間にわたり、手相、人相等をみてもらう場合等は、逸脱・中断に該当する」とされています（前出・昭和48年11月22日・基発第644号）。

④　設問の事例

日用品の購入で立ち寄った店舗内の事故は通勤経路の逸脱中の事故です。通勤災害とは認められません（なお業務災害にも該当しません）。

これに対し、店舗を出た後の帰宅途中に事故に遭った場合には通勤災害に該当し得ます。日用品の購入は「日常生活上必要な行為」として厚生労働省令で定めるものです（労災法7条3項）。「やむを得ない事由により行うための最小限度のもの」であると認められる限りで、中断の間を除き「通勤」となります。店舗への立ち寄りが「やむを得ない事由により行うための最小限度のもの」である限り、店舗を出て帰宅経路に戻った際の事故によるけがは通勤災害に該当します。

〈図1〉　逸脱・判断と通勤の関係

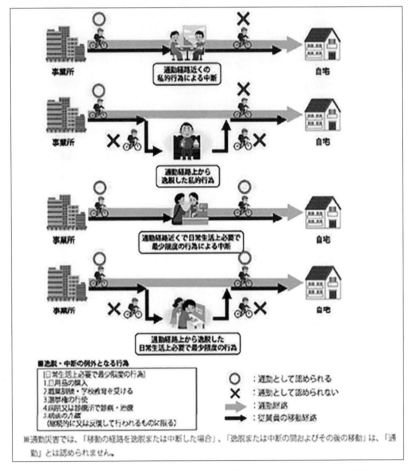

（令和元年 5 月　自転車活用推進官民連携協議会『自転車通勤導入に関する手引き』35頁）

Q38 移動経路の逸脱・移動の中断②

> 業務終了後、同僚と飲食店で会食・飲酒後、帰宅途中に転倒し、け
> がを負いました。このような場合、通勤災害と認定されますか。

▶ ▶ ▶ Point

① 通勤の途中において就業または通勤とは関係のない目的で合理的な経路
をそれた場合（「逸脱」）、および通勤の経路上において通勤とは関係のな
い行為を行った（「中断」）場合には、逸脱または中断の間およびその後の
移動は、通勤ではありません（労災法7条3項）。

② 業務終了後、同僚と飲食店で会食・飲酒した帰りの移動は、「就業に関
し」（労災法7条2項）なされた移動ではありませんから、その際のけがは
通勤災害と認定されることはありません。

③ 同僚との飲食店での会食・飲酒は、逸脱・中断の例外として「日常生活
上必要な行為であつて厚生労働省令で定めるもの」（労災法7条3項）にも
該当しません。

1 同僚と飲食店で会食・飲酒した帰りの移動

「通勤」とは、「労働者が、就業に関し、……合理的な経路及び方法により
行うことをいい、業務の性質を有するものを除くものとする」と定められて
います（労災法7条2項）。「就業に関し」とは、移動行為が業務につくた
め、または業務を終えたことにより行われるものであることを必要とする趣
旨を示すものです。つまり、通勤と認められるには、移動行為が業務と密接
な関連をもって行われることを要することを示すものです（労務行政402頁）。

業務終了後、同僚と飲食店で会食・飲酒した帰りの移動は、業務につくた

め、または業務を終えたことにより行われるものではありません。「就業に関し」（労災法7条2項）てなされた移動ではありませんから、転倒したけがは通勤災害と認定されることはありません。

2　逸脱・中断に該当する例

通勤の途中において就業または通勤とは関係のない目的で合理的な経路をそれた場合（「逸脱」）、および通勤の経路上において通勤とは関係のない行為を行った場合（「中断」）には、逸脱または中断の間およびその後の移動は、通勤ではありません（労災法7条3項）。

途中で麻雀を行う場合、映画館に入る場合、バー、キャバレー等で飲酒する場合、デートのため長時間にわたってベンチで話し込んだり、経路からはずれる場合が逸脱・中断に該当するとされています（労務行政406頁）。

同僚との飲食店での会食・飲酒は、逸脱・中断の例外として定められている「日常生活上必要な行為であつて厚生労働省令で定めるもの」（労災法7条3項）にも該当しません。したがって、帰宅経路に戻った際の事故によるけがも通勤災害に該当しません。

3　委員会議出席後、スナックで飲食を経てからの帰宅行為

「商工会職員が事務所で開催された委員会議出席の後、委員に同行しスナックにて飲食し、再び商工会駐車場から自己の原動機付自転車で帰宅する途中の災害」について、「労災保険法第7条第2項にいう『就業に関し』とは、往復行為が業務に就くため又は業務を終えたことにより行われたものであることを必要とする趣旨を示すもの、つまり、通勤と認められるためには、往復行為が業務と密接な関連をもって行われることが必要となっていると解される」。「当該会食そのものが業務性のない私的な歓談をなしつつの飲酒、飲食であり、かつ、それへの出席を断り得る趣旨の誘いである以上、……当該会食への出席が業務性を帯びるものではないと認められる」。「以上

のとおり、被災者の被災事故時の帰宅行為は『就労に関し』行われたもので
はなく、また、スナックでの会食による通勤の逸脱、中断が同法上許容され
る範囲内のものとも認められないものであるから、被災者の死亡は、労災保
険法でいう通勤によるものに該当するものとは認められないと判断する」と
された例があります（平成元年12月22日・昭和62労229号。労務行政研究所383
頁）。

4 事業場施設内の慰安会後の帰宅行為

「業務終了後、事業場施設内で慰安会を行った後、帰宅中の事故」では
「業務終了後、事業場施設内で行われた慰安会……に参加した時間も約1時
間程度であり、就業と帰宅の直接的関連を失わせると認められるほど長時間
とはいえない」。「帰宅のためにとった経路は、通常通勤に利用している経路
であり、合理的な経路と認められることなどにより、通勤災害と認められ
る」とされた例があります（昭和49年8月28日・基収第2533号。労務行政研究
所376頁）。

Q39　保育園の送迎中の事故が労災の対象となるか

　自転車で子どもを保育園へ送迎した後、会社に向う途中に転倒し、けがを負いました。このような場合、通勤災害と認定されますか。

▶▶▶ Point

① 　通勤災害が適用される通勤は「合理的な経路及び方法」による移動でなければなりません。自転車通勤に関しては、一般に合理的な方法と認められるため、合理的な経路と認められるかが問題となります。

② 　保育園の送迎については、ほかに子どもを監護する者がいない共稼労働者については合理的な経路にあたるとする通達があります。

③ 　中断あるいは逸脱にあたる場合は、「日常生活上必要な行為」で「やむを得ない事由により行うための最小限度のもの」に該当すれば、経路復帰後の事故が救済されます。

1　合理的な経路

　通勤災害は、「労働者の通勤による負傷、疾病、障害又は死亡」（労災法7条1項3号）です。「通勤」とは、労災法7条2項で、労働者が「就業に関し」次に掲げる移動を「合理的な経路及び方法」により行うことと定められています。

① 　住居と就業の場所との間の往復

② 　就業の場所から他の就業の場所への移動

③ 　上記①の往復に先行し、または後続する住居間の移動

　「合理的な経路及び方法」とは、当該移動の場合に、一般に労働者が用いるものと認められる経路および手段等をいいます。

　自転車通勤に関しては、一般に合理的な方法と認められます。そこで、保育園への送迎がなされている設問のケースでは、合理的な経路と認められるかが問題となります。

2　保育園の送迎

　保育園の送迎については、通達において、「他に子供を監護する者がいない共稼労働者が託児所、親せき等にあずけるためにとる経路などは、そのような立場にある労働者であれば、当然、就業のためにとらざるを得ない経路であるので、合理的な経路となるものと認められる」と定められています（平成27年３月31日・基発0331第21号・都道府県労働局長あて厚生労働省労働基準局長通知「『子ども・子育て支援法等の施行に伴う厚生労働省関係省令の整備に関する省令』の制定に伴う労働者災害補償保険法施行規則の一部改正について」）。このようなケースに該当するのであれば、「合理的な経路及び方法」による通勤移動中のけがとして通勤災害が適用されます。経路の逸脱、移動の中断は問題にはなりません。

　なお、この通達は、ほかに子どもを監護する者がいない共稼労働者の例について確認をしたものであり、それ以外のケースでの子どもの送迎については合理的な経路とはならないといっているわけではありません。ほかに子どもを監護する者がいない共稼労働者ではない場合も、子どもの送迎が必要となった事情や家族の状況等の事情によっては、「合理的な経路及び方法」による通勤移動中のけがとして通勤災害が適用されると考えられます。

3　保育園の送迎が合理的な経路と認められない場合

　保育園の送迎が合理的な経路と認められない場合は、中断あるいは逸脱の問題となります。「労働者が、……移動の経路を逸脱し、又は……移動を中断した場合においては、当該逸脱又は中断の間及びその後の……移動は……通勤としない。ただし、……逸脱又は中断が、日常生活上必要な行為であつ

て厚生労働省令で定めるものをやむを得ない事由により行うための最小限度のものである場合は、……逸脱又は中断の間を除き、この限りではない」とされており（労災法7条3項）、ここでいう「やむを得ない事由により」とは、日常生活の必要のあることをいい、「最小限度のもの」とは、当該逸脱または中断の原因となった行為の目的達成のために必要とする最小限度の時間、距離等をいいます（昭和48年11月22日・基発第644号）。

「保育園への送迎」が「日常生活上必要な行為」に該当すると認められれば、経路復帰後の事故が救済の対象になります。

4　日常生活上必要な行為

厚生労働省で定められる逸脱、中断の例外になる「日常生活上必要な行為」は以下のとおりです。

①　日用品の購入その他これに準ずる行為

②　教育訓練であって職業能力の開発向上に資するものを受ける行為

③　選挙権の行使その他これに準ずる行為

④　病院または診療所において診察または治療を受けることその他これに準ずる行為

⑤　要介護状態にある配偶者、子、父母、配偶者の父母並びに同居し、かつ、扶養している孫、祖父母および兄弟姉妹の介護（継続的にまたは反復して行われるものに限る）

上記⑤は平成20年4月の改正で「日常生活上必要な行為」に追加されました（労災法施行規則8条）。同改正後も、子どもの送迎に関する規定はありませんが、日用品の購入その他これに準ずる行為として「日常生活上必要な行為」と認められる可能性があるでしょう。

なお、①の具体例としては、帰途で惣菜等を購入する場合、独身者が食堂等に立ち寄る場合、クリーニング店に立ち寄る場合があげられています（昭和48年11月22日・基発第644号）。ほかに、「通勤の途中、理容のため理髪店に

立ち寄った後の災害」で「労働者が月一回程度の理容をする行為は、その所要時間も約一時間程度のものであり、職場で清潔に気持ちよく生活し、勤務する保健衛生などの見地からみても、また、日常生活上においても、『日常生活上必要な行為』として取り扱うのが妥当である」（昭和55年8月30日・昭和55労248号、労務行政研究所406頁）と判断された例や、「帰宅途中、義父の介護のために通勤経路を逸脱し義父宅へ立ち寄り、合理的な通勤経路に復する直前の災害」で「週4日程度義父の介護を行い、妻もほぼ毎日父のために食事の世話やリハビリの送迎をしてきた。これらの諸事情に照らすと、義父に対する介護は、『労働者本人又はその家族の衣・食・保健・衛生等家庭生活を営む上で必要な行為』であるから、労災則第8条第1号『日用品の購入その他これに準ずる行為』にあたるものである」。（大阪高裁平成19年4月18日判決・労判937号14頁、労務行政研究所407頁）として通勤災害と認められたものがあります。

　一方、保育園にていわゆる「ママ友」と長時間「雑談」後、通勤に復しその後転倒し、けがを負った場合、長時間の雑談は「最小限度のもの」（逸脱または中断の原因となった行為の目的達成のために必要とする最小限度の時間、距離等）に該当せず、通勤災害と認定されない可能性があります。

Q40　シェアリング自転車の事故が労災の対象となるか

シェアリング自転車での通勤中に転倒し、けがを負いました。病院に通院したいのですが、通勤災害と認定されますか。

▶ ▶ ▶ Point

① シェアリング自転車は、都市部を中心にサービスが広がり、また健康志向および新型コロナウィルス禍での通勤手段として利用者は増加傾向にあります。

② シェアリング自転車での通勤途中にけがを負った場合であっても通勤災害と認定される可能性があります。

③ シェアリング自転車を業務時間中に営業車の代わり等で使用した場合に負ったけがについては通勤災害ではなく、業務災害となります。

④ 通院・入院等する場合、「業務災害」（療養補償給付）であれば治療費は不要ですが、「通勤災害」（療養給付）では一部負担金200円を徴収されます。

1　シェアリング自転車

シェアリング自転車（自転車シェアリング、シェアサイクル）とは、自転車が置かれている場所で自転車を借りて、目的地付近の指定された降車場所で自転車を返却するというシステムです。都市部を中心にサービスが広がり、また健康志向および新型コロナウィルス禍での通勤手段として利用者は増加傾向にあります（Q9・Q10参照）。2019年3月31日時点で全国225都市に導入されています（国土交通省「シェアサイクルに関する現状と課題」（令和2年）6頁）。

2　合理的な経路

　シェアリング自転車での通勤途中にけがを負った場合であっても、通勤が「就業に関し」「合理的な経路及び方法」により行われている場合（労災法7条2項）には、通勤災害と認定される可能性があります。

　自転車通勤は一般に合理的な方法と認められます。シェアリング自転車であっても異なりません。

　特段の合理的な理由もなく著しく遠回りとなる経路をとる場合には「合理的な経路」とはなりませんが、マイカー通勤者が貸切りの車庫を経由して通る経路など、通勤のためにやむを得ずとる経路も「合理的な経路」とされています。したがって、シェア自転車の設置場所への立寄りは「合理的な経路」と認められるケースが多いでしょう。

3　通勤災害か業務災害か

　シェアリング自転車を業務時間中に営業車の代わり等で使用した場合に負ったけがについては通勤災害（労災法7条2項）ではなく、業務災害（同条1項）となります。けがを負って病院に通院・入院等する場合、業務災害（療養補償給付）であれば治療費は不要ですが、通勤災害（療養給付）の場合は一部負担金として200円徴収されます（同法31条2項）。

　もちろん、シェア自転車によるけがが私的行為中（「業務外」の事由によるもの）の場合は、労災法の対象とはならず、健康保険法等の対象となります。

4　通勤の途中で通常行うような「ささいな行為」

　なお、シェアリング自転車が利用できる都市部ではさまざまなお店に立ち寄ることができるかもしれません。お店に立ち寄る際には、移動の中断あるいは経路の逸脱が問題となりますので注意してください。

　たとえば、シェアリング自転車を利用しての通勤途中、短時間コンビニエ

ンスストアに立ち寄り、通勤経路に戻り、その途中転倒して、けがを負った場合には通勤災害と認定される可能性があります。短時間のコンビニエンスストアへの立ち寄りは、通勤の途中で通常行うような「ささいな行為」（通勤に通常随伴する行為）、あるいは中断・逸脱の例外として定められている日用品の購入その他これに準ずる「日常生活上必要な行為」をやむを得ない事由により行うための最小限度のものと認められるでしょう。

　一方、退勤途中に通勤経路上の喫茶店で同僚とコーヒーを飲みながら雑談し、40分程度過ごした後、合理的な経路に戻り、負傷した事例では、喫茶店に立ち寄って過ごした行為は「ささいな行為」でも日用品の購入その他これに準ずる「日常生活上必要な行為」をやむを得ない事由により行うための最小限度のものでもないとして、通勤災害と認められませんでした（昭和49年11月15日・基収第1867号、労務行政研究所403頁）。

Q41　自転車による配達員の事故が労災の対象となるか

個人事業主として業務委託契約を結び、自転車にて飲食等の宅配を行っています。業務の途中にけがを負いました。この場合、労災法の適用対象になるのでしょうか。

▶ ▶ ▶ Point

① 　フードデリバリーサービスを利用する人は増加傾向にあります。自転車による配達員も増加しています。

② 　飲食店などの従業員が配達途中にけがを負った場合には、労災法の業務災害と認定されます。雇用形態は問われません。

③ 　個人事業主として業務委託契約や請負契約を締結する配達員が配達途中に負ったけが等については、原則として労災法による補償外となります。

④ 　厚生労働省令が改正施行されて、自転車で宅配する配達員についても労災保険の特別加入が認められることになっています。

1　フードデリバリーサービスを利用する人は増加傾向にあります

新型コロナウイルス禍もあって、フードデリバリーサービスを利用する人は増加傾向にあります。消費者庁が公開している調査結果があります。令和２年11月時点で、39.7％がフードデリバリーサービスの利用経験を有する。うち、5.0％は新型コロナウイルス感染拡大後に初めて利用と回答しました。またレストラン業態における出前市場は、平成30年に4084億円に成長しているとのことです（三菱UFJリサーチ＆コンサルティング「フードデリバリーサービスの動向整理」（平成30年12月17日））。それに伴い、自転車による配

達員も増加しています。

2 従業員が配達途中にけがを負った場合には業務災害と認定されます

　飲食店などに雇われている従業員が配達途中にけがを負った場合には、労災法の業務災害と認定されるのはもちろんです。

　なお、「『労働者』とは、職業の種類を問わず、事業又は事務所……に使用される者で、賃金を支払われる者をいう」（労基法9条）とされており、使用者の指揮命令下で労働し賃金を支払われる者であれば、正社員、契約社員、パートタイマー、アルバイトなど雇用形態は問われません。一日だけの短期アルバイトや入社当日の労働者が業務上および通勤途上で負傷等した場合も、労災法が適用される可能性があります。

3 個人事業主は労働者ではない

　一方、個人事業主として「業務委託契約」を締結して飲食等の配達を行っていた場合では、配達途中に負ったけが等について原則として労災法による補償外となります。個人事業主は原則として労働者に該当しないからです。

　ただし、請負契約・業務委託契約によって労務を供給する者が労災の対象となる「労働者」に該当するか否かは、契約の形式・文言によって決められるのではなく、労働関係の実態において判断されます。使用従属関係があり労働契約関係の実態があると認められれば、「労働者」に該当し得ます。判断のメルクマールとしては、①仕事の依頼への諾否の自由、②業務遂行上の指揮監督、③時間的・場所的拘束性、④代替性、⑤報酬の算定・支払方法を主要な判断方法とし、①機械・器具の負担、報酬の額等に現れた事業者性、②専属性等が補足的な判断要素とされます（菅野和夫『労働法〔第12版〕』（弘文堂・2019年）183頁）。

　仕事を引き受けるか否かは自由で、勤務時間や場所の指定がなく、報酬も

出来高制であるようなフードデリバリーサービスの配達員は、労働者性を認められがたいケースが多いと思われます。

4　フリーランスの特別加入制度

　労災保険の対象外であるフリーランスは、事故にあっても国民健康保険による自費治療であり、治療のため休業してしまうと収入が途絶えてしまう、あるいは障害補償、遺族補償がない環境での仕事を強いられることになります。そこで、労災保険は、労働者以外でも、一人親方など労働者に準じて保護することが適当であると認められる一定の人について、任意で加入できる「特別加入制度」を用意していますが、対象となる業種や作業の種類が特定されています。

　平成25年4月1日以降、原動機付自転車（125cc以下）を使用する一人親方も特別加入の対象となりました。しかし、増加している自転車によるフードデリバリーサービスの配達員は対象となっていませんでした。大手企業の中には配達員向けの任意の傷害保険も用意していましたが、配達員の保護には不十分でした。

5　自転車配達員にも労災保険の特別加入が認められる

　令和3年9月1日から厚生労働省令が改正施行されて、一人親方等が行う事業として「自転車を使用して行う貨物の運送の事業」が追加され（労災法施行規則46条の17第1号）、自転車で配達する配達員についても労災保険の特別加入が認められることになっています。Uber Eatsや出前館などの業界大手でつくる団体が要望した結果です。ただし、保険料は自己負担です。

Ⅳ　自転車通勤に関する企業のリスク管理

Q42　従業員の自転車通勤に関する企業のリスク

自転車通勤をしている従業員がいます。企業に生じるリスクとして気をつけておかなければならないことがあるでしょうか。

▶ ▶ ▶ Point

① 自転車通勤を許容するのか禁止するのかの方針に応じた対処をすることが必要です。

② 使用者責任は企業にとって大きなリスクです。許容するのであれば賠償保険の付保と付保状況の定期的確認が必須になります。

③ 自転車通勤を許容する場合には、運転マナーや労災保険が適用されるルールの周知・徹底、並びに駐輪場の確保、通勤方法の届出ルールおよび自転車通勤にあわせた通勤費の整備等の環境整備も必要です。

1　自動車通勤を許容するか禁止するのかの方針決定

健康志向やエコ志向から自転車通勤を奨励する企業も増えてきています。新型コロナウイルス禍では「密」を避けられるという観点も自転車通勤の導入理由に加わりました。

一方、企業は自転車通勤を禁止することもできます。従業員の安全の配慮あるいは駐輪場の確保の問題等から自転車通勤を禁止する企業もあります。

マイカー通勤と違って自転車通勤のルールを定めていない企業も多いと思います。しかし、リスク管理として、自動車通勤を許容するか禁止するかの方針を決め、それぞれに応じた対処をしなければなりません。

自転車通勤を許容するのであれば、許可基準を明確する、賠償保険加入状況を管理する、通勤手当の整備をする、あるいは運転マナーを周知するなどの対応が必要となります。一方、禁止するのであれば、規程の整備をしたうえで周知徹底し、自転車通勤を黙認しないようにしなければなりません。

2　通勤災害における労災保険の適用

企業が賠償責任を負うとされる業務災害と異なり、通勤災害については一般に勤務先企業には責任がありません。

従業員にとっては、通勤災害において労災保険が適用されるかどうかは大問題です。相手方が無保険のケースのように損害の填補が困難なときは労災の利用が望まれます。被害者に過失相殺されるべき過失がある場合など加害者に対する損害賠償請求に労災保険を併用したほうが有利なケースもあります。

ただし、通勤途上の事故であれば必ず通勤災害として労災保険が適用されるわけではありません。会社の許可の有無は問われませんが、「合理的な経路及び方法」による移動でなければなりません（労災法7条2項）。経路の逸脱、中断等、どのような場合に労災保険の適用がないか、通勤災害のルールを周知、徹底しておくべきでしょう。

なお、第三者行為災害による労災保険の適用によっては企業の労災保険料が上がることはありません。

3　通勤事故の責任

通勤途上の事故では、従業員が被害者になるだけではなく、加害者になることもあります。自転車事故による損害賠償は高額化の傾向にあり、9000万円を超える賠償金が認められたこともあります（神戸地裁平成25年7月4日判決・判時2197号84頁、東京地裁平成20年6月5日判決・判例集未登載）。

従業員が加害者になる場合、企業に対して使用者責任（民法715条）が問わ

れるケースが増えています。自転車運転を許容しているケースは企業の使用者責任が認められる可能性が高く、たとえ自転車通勤を禁止していたとしても事実上黙認しているようなケースでは使用者責任が認められる余地があります。

　使用者責任は企業にとっては大きなリスクの一つです。許可の条件として自転車保険や個人賠償責任保険の加入を義務づけ、定期的に保険の加入状況を確認することが必須でしょう。

　なお、個人賠償責任保険では、業務中の自転車事故に対応していないことにご注意ください。業務中の事故に備えるためには勤務先が自転車損害賠償保険（施設賠償責任保険）に加入する必要があります。東京都条例のように、自転車を業務で使用する事業所に同保険の加入を義務づけているケースもあります。

4　駐輪場の確保などマナーを守る

(1)　マナーの徹底

　一部の自転車運転者のマナーの悪さが問題となっています。従業員が被害者とならないため、また加害者とならないために、従業員に自転車利用のマナーを徹底することが企業のリスク管理として必要です。自転車運転のマナーや安全運転講習の受講を自転車通勤許可条件にするなどの対策が考えられます。

(2)　駐輪場の確保

　放置自転車や迷惑駐輪が社会問題化しています。従業員が迷惑駐輪などをすると企業自身がクレームを受けかねません。自転車通勤を許可する企業は、駐輪場を確保する、あるいは従業員による駐輪場の確保を許可の条件にすることが必要でしょう。後者の場合には駐輪料金の補助も検討しましょう。

5　通勤費の整備など

　通勤方法を自転車通勤に変更したにもかかわらず、それを届け出ず従前の通勤手当の支給を受け続けた場合には、本来受け取るべきではなかった通勤手当は不当利得として勤務先に返還すべき、あるいは損害賠償として勤務先に賠償するべき金銭となり得ます。企業の秩序を侵害する行為として懲戒処分の対象ともなるでしょう。

　企業としては、従業員と要らぬトラブルを起こさないよう、通勤方法の変更の届出のルールを周知する必要があります。あわせて、自転車通勤にもほかの通勤方法とバランスをとった通勤手当を支給する等、通勤費の整備を検討してください。

Q43　自転車通勤事故についての企業の使用者責任

> 従業員が、弊社からの帰りに自転車を運転中、歩行者と衝突事故を起こしてけがをさせてしまいました。被害者から弊社あてに損害を請求する旨の通知が届いたのですが、弊社に責任はあるのでしょうか。

▶ ▶ ▶ Point
① 　勤務先が使用者責任を負う可能性があります。
② 　使用者責任は、使用者が被用者と同じ内容の責任を負い、両者は不真正連帯債務の関係となります。
③ 　使用者責任は、従業員の不法行為の成立要件が満たされていることを前提として、使用関係と事業執行性が認められる場合に成立します。
④ 　賠償義務を履行した勤務先は、従業員に対して求償権を行使できますが、信義則上相当な範囲に制限されます。

1 　従業員の自転車事故と会社の責任

交通事故の損害賠償責任は民法上の不法行為責任です。原則として不法行為者である運転者自身がその責任を負います（民法709条）。自動車による人身事故に適用される運行供用者責任（自賠責法3条）は自転車事故では問題となりません。

ただし、使用者が使用者責任（民法715条）を負うケースがあります。

2 　使用者責任

使用者責任とは、他人に使用されている者が、事業の執行について、第三者に損害を与えた場合に、使用者が負担する賠償責任です。使用者が被用者

と同じ内容の責任を負います（民法715条）。

　事業者に使用者責任が認められる根拠は、他人を使用して自身の利益を受けていること（報償責任。「利益の存するところに損失をも帰せしめる」）、あるいは企業が危険を包蔵する事業を営んで利益を受けていること（危険責任。「危険を支配する者が責任も負う」）の2点に求められています。

　使用者責任が認められる場合、被害者との関係では、勤務先の使用者責任（民法715条）と従業員の不法行為責任（同法709条）とは不真正連帯債務の関係に立ちます。そのため、被害者はいずれに対しても全額の損害賠償請求ができますが、いずれかが賠償をすればその限度で他方も支払義務を免れます。

③　使用者責任が認められる要件

　使用者責任が認められるためには、被用者（従業員）の行為に不法行為（民法709条）の成立要件が満たされていることを前提として、次のような要件が必要です。

　①　ある事業のために他人を使用すること（使用関係）

　②　被用者が事業の執行につき損害を与えたこと（事業執行性）

　使用者の免責事由も定められていますが、実務上は認められることはほぼなく、無過失責任に近い形となっています。

　①の使用関係は、広く解釈されています。雇用関係がある場合に限られるわけではありません。契約関係がなくとも事実上の指揮監督関係があれば使用関係が認められる傾向にあります。

　②の事業執行性は、行為の外形から判断されます（外形標準説）。行為の外形から判断して職務の範囲内の行為に属する場合であればよいわけです。

④　自転車通勤事故と使用者責任

　従業員の自転車通勤事故では、勤務先と従業員との間には使用関係が当然

に存在します。問題は事業執行性が認められるか否かです。

　マイカー通勤により引き起こされた事故の例では、会社がマイカー通勤を容認していた、あるいは駐車場を提供するなど、会社が積極的にマイカー通勤に関与していた例において、会社の使用者責任が認められる可能性が高い傾向にあります（最高裁平成元年6月6日判決・交民集22巻3号551頁、福岡地裁平成10年8月5日判決・判タ1015号207頁ほか）。自家用車使用を容認していたかどうかが外形理論適用のメルクマールの一つになります。

　自転車通勤もマイカー通勤と同じように考えられ得ます。勤務先が自転車通勤を許容しているケース、特に駐輪場を提供して自転車通勤に応じた通勤手当を支給するなど、会社が自転車通勤に積極的に関与しているケースでは、勤務先の使用者責任が認められる可能性が相応にあるでしょう。

5　使用者責任が肯定される場合の従業員との関係

　使用者責任が肯定される場合の使用者と被用者（従業員）の関係を、内部関係あるいは求償関係といいます。

　内部関係においては、賠償義務を履行した使用者が、被用者に対して求償権を行使できます（民法715条3項）。ただし、前記②の報償責任・危険責任の観点からは、使用者の被用者に対する求償権の行使は制限されます。

　「使用者は、その事業の性格、規模、施設の状況、被用者の業務の内容、労働条件、勤務態度、加害行為の態様、加害行為の予防若しくは損失の分散についての使用者の配慮の程度その他諸般の事情に照らし、損害の公平な分担という見地から信義則上相当と認められる限度において、被用者に対し……求償の請求をすることができる」とされます（最高裁昭和51年7月8日判決・民集30巻7号689頁）。

Q44　自転車通勤を禁止する場合の対応

　当社には駐輪スペースがないためあらためて自転車通勤を禁止しようと考えていますが可能でしょうか。禁止する際にはどのようなことに注意したらよいでしょうか。

▶ ▶ ▶ Point

① 　使用者が、通勤時の安全確保のためや施設面の問題のため、自転車通勤を禁止することは原則として許されます。

② 　自転車通勤の許容がすでに労働条件となっているようなケースでは、労働条件の不利益変更となりその合理性が厳しく判断されます。

③ 　自転車通勤を禁止する際には就業規則などの規定を整備します。

④ 　自転車通勤を禁止する目的を実現するためには、禁止されていることの周知徹底も必要となります。

1　自転車通勤を禁止することはできるか

　使用者は、従業員に対して、労働契約上の義務として、安全配慮義務を負っています。通勤時の従業員の安全確保のため、通勤方法を公共交通機関に限っている会社も多いでしょう。また、使用者は、必ずしも駐輪場を用意できるわけではありません。無断駐輪によるトラブルの回避などを目的として、自転車通勤を禁止せざるを得ない会社も多く存在します。このような理由で、使用者による自転車通勤の禁止は、通勤方法の指定の一態様として、原則として合理的なものと許容されています。

　設問では駐輪スペースが確保できないという理由による禁止のようです。都市部にある会社であれば駐輪スペースの確保が難しいため、自転車通勤の

145

禁止は合理的なものとして許容される可能性が高いでしょう。

　ただし、健康志向、環境志向および「密」状態を避ける目的などから自転車通勤のニーズは高まっています。国も自転車通勤を推進しています（Q2参照）。シェアリング自転車が発達するなど（Q10参照）、自転車通勤の環境も整備されつつあります。使用者が一方的に自転車通勤を禁止することは、将来的にその合理性を否定される可能性があると考えます。少なくとも、自転車通勤の禁止に違反した場合の懲戒処分は謙抑的にならざるを得ないでしょう。リスクを管理したうえで自転車通勤を許容する経営判断が望まれているとも考えられるでしょう。

② 新たに自転車通勤を禁止することができるか

　もしかしたら、設問の会社では、今まで自転車通勤を許容していたのかもしれません。会社が自転車通勤を明示または黙示に許容しており、それが長期間継続している、あるいは会社が積極的に関与するなどの事情があれば、自転車通勤の許容がすでに会社と従業員とに間の労働条件となっているとみられることがあります。

　そのようなケースで今まで認めていた自転車通勤を新たに禁止する場合には、労働条件の不利益な変更と評価され、会社による一方的な自転車通勤禁止が無効と判断される可能性があります。

　従業員に対して自転車通勤を禁止せざるを得ない事情をよく説明して禁止について真摯な同意を得る、あるいは禁止とともに手当の支給等の代替措置をとるなどの対応が必要となります。

③ 自転車通勤を禁止する方法

　自転車通勤を禁止する場合、その旨を労働契約書あるいは労働条件通知書に明記する方法も考えられますが、一般的には就業規則あるいはその一部の通勤規程等の規程類にて、禁止を明記する方法をとることになります。

4　自転車通勤を禁止するにあたっての注意点

　自転車通勤を禁止するのであれば、規程の整備をするだけでは足りません。自転車通勤禁止を周知徹底する必要があります。仮に自転車通勤を黙認するような状況であれば、自転車通勤を禁止する意味がなくなりかねません。黙認されたと思った従業員が通勤時に事故に遭うかもしれません。また、近隣に無断駐輪をしてクレームを受けるかもしれません。なお、従業員が事故を引き起こした場合も、事実上自転車通勤を容認していた事情は、使用者責任を肯定する一事情として評価されることになります。

　自転車通勤の禁止を周知徹底する場合には、自転車通勤を禁止する理由をあわせて説明して、従業員に理解をしてもらってください。また、無断で自転車通勤をした場合には懲戒対象となりうることや、通勤手当の不正受給につながることにも注意喚起しておいてください。それらにより、自転車禁止の実効性が高まります。

Q45　自転車通勤を許容する場合の対応

従業員からの希望が強く、自転車通勤を許容しようと考えています。どのようなことに注意したらよいでしょうか。

▶ ▶ ▶ Point

① 規程類を整備して、許可する条件やルールを定めます。

② 自転車事故に対応した個人賠償責任保険の加入を条件とするべきでしょう。加入状況は定期的に確認をしなければなりません。

③ 自転車通勤者にも公平な通勤手当を整備する必要もあるでしょう。

④ 駐輪トラブルの発生を避けるため、駐輪場を確保し、あるいは駐輪場の確保を許可条件とします。

⑤ 従業員に対して自転車運転マナーを徹底しましょう。

1　規程の整備

自転車通勤を許容する場合には、駐輪場を確保していないと無断駐輪など近隣とのトラブルが発生するリスクがあります。また、従業員が通勤事故に遭うリスクもありますし、従業員が引き起こした事故について使用者責任を負いかねないリスクも存在します。

そこで、自転車通勤を許容する場合には、個別の許可制にしたうえで、前述のリスクを低減できるような許可条件やルールを定めなければいけません。それらは、就業規則やその一部となる通勤規程などの規程類を整備することによって明確に定めておきます（巻末の【資料1】参照）。

② 賠償責任保険

　マイカー通勤を許容している事業者では任意保険の加入を義務づけていることが多いでしょう。リスク管理の観点からは、自転車通勤を許容する際も、個人賠償責任保険の加入を義務づけることが重要です。

　自転車が加害者になる事故でも、9000万円を超える賠償義務が命じられた例があるなど、損害賠償は高額化の傾向にあります。従業員の通勤事故に際しては、使用者も同じ損害賠償義務（使用者責任）を負うリスクがあります。自転車通勤を許可する際には、自転車事故に対応した個人賠償責任保険の加入を条件としなければならないのです。自治体によっては条例によって賠償責任保険の加入を義務づける例も出てきました。

　自転車通勤の許可申請の際には、個人賠償責任保険、自動車保険など各種保険に付帯される保険、あるいはTSマーク付帯保険など、自転車事故に対応した保険に加入していることが確認できる資料の提出を義務づけます（巻末の【資料2】参照）。自転車事故の損害賠償義務は高額化の傾向からは、賠償責任1億円以上、できれば賠償責任無制限の保険加入が望ましいです。

　もちろん、賠償責任保険の加入状況は定期的に確認をしなければなりません。申請の際に付保を確認した保険が後に切れることもあります。1年に1回は付保状況を確認できる資料の提出を義務づけましょう。

③ 通勤手当

　使用者には通勤手当を支給する義務が必ずしもあるわけではありませんが、自転車通勤者にも公平な通勤手当を整備するほうがよいでしょう。自転車通勤であっても一定額までの通勤手当が非課税となります。片道の通勤距離が2キロメートル未満の場合には課税対象となるため支給対象外とする事業者も多いですが、その場合であっても駐輪料金相当額は補助するべきケースがあるかもしれません。

　通勤手当と関連する問題として、通勤方法の届出ルールを徹底する必要もあります。通勤方法を自転車通勤に変更したにもかかわらず届出を失念し、あるいは軽い気持で届出をせず、従前の通勤手当を受給し続けてしまうこともあります。その結果として通勤手当の不正受給として勤務先と従業員のトラブルに発展する可能性があります。通勤方法の届出のルールを徹底して無用なトラブルの発生を防ぎましょう。

4　駐輪場の確保

　自転車通勤を許容する場合には、無断駐輪、違法駐輪などの近隣トラブルが発生することを避けなければいけません。会社で駐輪場を確保することが理想的ですが、駐輪場を確保できない場合であっても駐輪場の確保を自転車通勤の許可条件としておくべきでしょう。

5　運転マナーの徹底

　自転車は交通事故の被害者となる一方で、加害者ともなる「走る凶器」です。それにもかかわらず、自転車運転のマナーを学べる機会は必ずしも多くないこともあって、マナー違反が社会問題化しております。

　従業員の安全を守り、かつ事業者が蒙るリスクを低減するため、自転車運転のマナーを徹底する必要があります。

第3章

自転車の道路交通法上の位置づけ

Q46　自転車の種類による交通ルールの違い

> 　自転車といっても、子ども用自転車や電動アシスト自転車、リヤカー（配送用やチャイルド・トレーラーなど）を牽引する自転車などさまざまありますが、交通ルールに違いはあるのでしょうか。

▶ ▶ ▶ Point

① 　道路交通法では、「小児用の車」に該当する子ども用自転車には自転車の交通ルールは適用されず、歩行者として扱われます。

② 　電動アシスト自転車は、速度に応じて定められている電動機の出力制限や構造など一定の要件を満たす限りで、自転車としての交通ルールが適用されます。

③ 　リヤカーを牽引する自転車は、道路交通法にいう「普通自転車」には該当しないため、歩道や自転車道を通行することができません。

1　自転車

　道路交通法では、自転車とは「ペダル又はハンド・クランクを用い、かつ、人の力により運転する二輪以上の車（レールにより運転する車を除く。）であつて、身体障害者用の車椅子及び歩行補助車等以外のもの（人の力を補うため原動機を用いるものであつて、内閣府令で定める基準に該当するものを含む。）をいう」と規定されています（法2条1項11号の2）。

　自転車から除外される「歩行補助車等」には、「歩行補助車」や「小児用の車」「ショッピング・カート」などがあり（法2条1項9号、令1条、規則1条参照）、これらを通行させている者は歩行者として扱われます（法2条3項1号）。

2　小児用の車

　歩行者の交通ルールが適用される「小児用の車」には、子ども用二輪自転車や子ども用三輪車、乳母車などが含まれると考えられます。もっとも、道路交通法では「児童」（6歳以上13歳未満の者）や「幼児」（6歳未満の者）については道交法14条3項で定義されていますが、「小児」については定義されておらず、どのような子ども用二輪自転車が「小児用の車」に該当するのかについての規定がないため、解釈に委ねられています。

　たとえば、警察庁交通局編「交通警察質疑応答集」（東京法令出版・1972年）では、子ども用自転車のうち小学校入学前まで（6歳未満）の者が乗車するために作られた自転車、すなわち、車体が6歳未満の者が乗車する程度の大きさ（車輪がおおむね16インチ（約40cm）以下）で、かつ、走行、制動操作が簡単で速度が時速4km〜8km程度しか出せない自転車は「小児用の車」に該当するとされます（道交法解説40頁）。

　裁判例においても、明確な定義づけはされておらず、歩行者と同様に扱うことで交通の危険性がどの程度生じるかといった観点から個別に判断されています。

　たとえば、福岡高裁昭和49年5月29日判決・高刑集27巻2号181頁は、小学4年生が運転していたタイヤ直径22インチの自転車について、大人用のタイヤ直径26インチの自転車に近い速度をもち、惰力行進をすることなどから「小児用の車」にはあたらないと判断しました。また、東京高裁昭和52年11月30日判決・判時883号37頁は、5歳7カ月の幼児が運転していたタイヤ直径16インチの自転車について、大人用の自転車に比し小型で速力も遅いとはいえ、歩行者より格段に速い速度をもち惰力でも相当の距離を進行することなどから「小児用の車」には該当しないと判断しました。

3 電動アシスト自転車

　電動アシスト自転車については、前述した自転車の基準のほか、電動機により人の力を補う比率が速度に応じて定められた上限を超えないことや、基準を満たさない電動機に改造することが容易でない構造であることなどの基準（規則1条の3参照）を満たす限り、自転車としての交通ルールが適用されます。

　市販されている電動アシスト自転車の中には、電動機の出力比率基準を超える電動アシスト自転車が実際に販売されていたケースもあり、そのような自転車は道路交通法では原動機付自転車あるいは自動車としての交通ルールが適用されますので注意が必要です。たとえば、電動機の出力のみで走行できる自転車や、時速24km以上の速度でも電動機が作用して人の力を補う力が加わる自転車は、道路交通法上の自転車には該当しません。

　また、近年、電動の原動機付自転車であって、原動機の力を使うことなく自転車と同様にペダルを用いて人の力により運転する状態（人力モード）に切り替えることができる新たなモビリティも開発されています。現状では、人力モードへ切替可能な原動機付自転車であっても、人力モードか否かにかかわらず原動機付自転車として扱われていますが、令和3年4月に取りまとめられた警察庁「多様な交通主体の交通ルール等の在り方に関する有識者検討会　中間報告書」にて、人力モードへの切り替えにより、①原動機を用いた走行ができない構造で、②原動機付自転車の標識を表示しておらず法令に従って原動機付自転車として走行することができない構造であることが明らかな外観となっており、③乗車中に原動機を用いて走行することができる構造に変更できないものであれば、道路交通法上の自転車として取り扱うこととされましたので、今後、道路交通法の改正が見込まれます。

4　普通自転車

　道路交通法では自転車は軽車両に位置づけられ、原則として車道を走行することになりますが、次の「普通自転車」に該当すれば、一定の場合に歩道を通行することができます（法63条の３、規則９条の２の２。Q49参照）。

---

①　車体の大きさ
　　長さ190cm以下、幅60cm以下であること
②　車体の構造
　ⓐ　タイヤの数が２輪か３輪か４輪であること
　ⓑ　側車を付していないこと
　ⓒ　運転者席一つと幼児用座席以外に乗車装置を備えていないこと
　ⓓ　制動装置（ブレーキ）が走行中容易に操作できる位置にあること
　ⓔ　歩行者に危害を及ぼすおそれがある鋭利な突出部がないこと
③　他の車両を牽引していないもの

　なお、東京地方検察庁交通部研究会編『道路交通法事典』（東京法令出版・1988年）によれば、子ども用自転車に付けるコロ（補助車輪）は側車には該当しません（道交法解説670頁）。

5　リヤカーを牽引する自転車

　リヤカーを牽引する自転車は、「他の車両を牽引していないもの」という基準を満たさないので「普通自転車」には該当せず、「自転車通行可」の道路標識があっても、歩道や自転車道は通行することができません。たとえリヤカーを牽引する自転車を押して歩いたとしても、歩行者としては扱われませんので（法２条３項２号参照）、歩道を通行することはできません。

　なお、自転車用ベビーカー（チャイルド・トレーラー）に関しては、各都道府県で定められる道路交通法施行細則または道路交通規則の解釈により公道走行が制限される場合がありますので、各都道府県で確認する必要があります（Q47参照）。

Q47　必要装備・乗車・積載・牽引に関する制限

> 自転車を運転する際に、どのような装備が必要になるのでしょうか。
> また、自転車の乗車人数や積載物などに関する制限はあるのでしょうか。

▶ ▶ ▶ Point

① 自転車を運転する際に必要になる装備としては、ライト、ブレーキ、後方反射板、ベルがあり、それぞれ法令で定める基準を満たすものでなければなりません。

② 自転車の乗車・積載・牽引に関する制限は、各都道府県で定められる道路交通法施行細則または道路交通規則を確認する必要があります。

1　自転車の灯火義務（ライト）

　自転車は、①夜間（日没時から日出時まで）、②トンネルの中や濃霧がかかっているなどで視界が50m以下であるような暗い場所において、通行したり駐停車したりするときには、各都道府県の道路交通法施行細則または道路交通規則で定められる基準（前照灯や尾灯などの種類とともに色や明るさの性能が指定され、後述する反射器材の装備により尾灯の点灯は要しないとされる場合もあります）を満たすライトを点灯しなければなりません（法52条1項、令18条1項5号・19条）。

　ライトの装備の設置自体を義務づけるものではなく、上記①②のいずれにも該当しない場合にはライトを点灯する義務はありませんが、安全のためにはライトを備えた自転車に乗りましょう。

2　基準を満たさない自転車の運転禁止

(1)　制動装置（ブレーキ）に関する規制基準

　自転車のブレーキは、前輪と後輪の両方に必要で、乾燥した平坦な舗装路面を時速10㎞で走行中に 3 m 以内で円滑に停止できる性能が必要です（規則 9 条の 3 ）。そのようなブレーキ装備がなく交通の危険を生じさせるおそれのある自転車を運転することは禁止されます（法63条の 9 第 1 項）。ブレーキ装備のない競技用自転車（ピストバイク）で公道を走行することはできません。

(2)　反射器材（後方反射板）に関する規制基準

　自転車は、①夜間（日没時から日出時まで）、②トンネルの中や濃霧がかかっているなどで視界が50m 以下であるような暗い場所において、通行したり駐停車したりするときに、尾灯を点灯できない場合には、反射光が橙色または赤色で、夜間後方100m の距離から道路運送車両の保安基準を満たす前照灯で照らしたときに、その反射光を照射位置から容易に確認できる反射板を装備しなければ、自転車を運転してはいけません（法63条の 9 第 2 項、規則 9 条の 4 ）。上記①②のいずれにも該当しない場合には尾灯も後方反射板の装備も必要ありませんが、安全のためには後方反射板を備えた自転車に乗りましょう。

(3)　警音器（ベル）に関する規制基準

　自転車は、見通しの悪い場所などで「警笛鳴らせ」の道路標識がある場合にはベルを鳴らす義務（法54条 1 項）があるほか、危険防止のためやむを得ない場合でなければ、ベルを鳴らしてはいけません（法54条 2 項）。普通自転車で歩道を通行しているときは歩行者の通行が優先します。歩行者に道を譲らせるためにベルを鳴らす行為は交通違反となりますので注意が必要です。

　三輪の自転車と側車付二輪自転車（道路運送車両法施行令 1 条参照）の場合

は、適当な音響を発するベルが装備されていないと運転が禁止され（道路運送車両法45条5号、道路運送車両の保安基準72条）、その他の自転車の場合も、各都道府県で定められる道路交通法施行細則または道路交通規則により、ベルの装備義務が課されることが多いようです。

3　その他の装備

⑴　乗車用ヘルメット

13歳未満の子どもを自転車に乗せる場合、保護者には、子どもに乗車用ヘルメットをかぶらせる義務があります（法63条の11）。

⑵　泥よけ器

ぬかるみや水たまりを自転車で通行する際には、泥よけ器を付けるか徐行するなどして、泥土や汚水などを飛散させて他人に迷惑をかけないようにしなければなりません（法71条1号）。

⑶　傘を自転車に固定する器具

傘差し運転（法71条6号で委任される各都道府県の道路交通法施行細則または道路交通規則で禁止されることが多いです）を回避しようと、自転車に傘を固定する器具も販売されていますが、上記各都道府県の規定により傘を自転車に固定する場合も同様に禁止される場合や、積載物の大きさ制限に違反する場合もありますので注意が必要です。傘を広げた際の横幅が60cmを越えると普通自転車（Q46参照）に該当しなくなり、歩道を通行できなくなるリスクもあります。安全のためには、雨天時に自転車に乗る場合はレインコートを利用しましょう。

⑷　方向指示器

自転車の合図義務（Q55参照）との関係では、自転車に方向指示器を装備することが望ましいとされますが、バッテリーの持続性などの問題も考えられ、現状では自転車の方向指示器に関する具体的な基準は定められていません。

4　乗車・積載・牽引に関する制限

　自転車の運転者は、座席（サドル）以外の部分に人を乗せてはならず、乗車人数については各都道府県で定められる道路交通法施行細則または道路交通規則で制限されています（法55条1項・2項）。各都道府県の規定では、運転者が16歳以上で幼児用座席を取り付けた自転車であれば、幼児（6歳未満の者）を一人あるいは二人まで乗車可能とすることが多いようです。しかし、「6歳未満」を基準とすると、幼稚園や保育園の年長（5歳児クラス）に通う子どもがいる家庭では、子どもが6歳の誕生日を迎えると自転車に同乗させて送迎できなくなってしまう問題が指摘され、近年、「6歳未満」から「小学校就学の始期に達するまで」の子どもを自転車に同乗できるように規定を改正する都道府県が増えています。

　荷物についても、自転車の運転者には、かごや荷台など荷物を載せる場所以外の部分に荷物を乗せない義務や、また、載せた荷物により、ハンドル操作が妨げられたり、バランスが悪くなったり、バックミラーや尾灯、後方反射板などが隠れたりしないようにする義務があります（法55条1項・2項）。ハンドル部分に荷物をかけて自転車を走行することは禁止されていますので注意が必要です。積載物の重量や大きさ、積載方法などの制限については、各都道府県の道路交通法施行細則または道路交通規則で規定されています（法57条2項）。

　リヤカー付自転車など車両の牽引に関しても、同様に各都道府県の規定で制限されていますので（法60条）、確認が必要です。

Q48　自転車の通行区分

　自転車で道路を通行する場合、基本的にどこを通行すべきなので
しょうか。

▶ ▶ ▶ Point

① 　自転車道がある場合、普通自転車は自転車道の中央から左側部分を通行
する義務があります。

② 　車道に自転車専用通行帯が設けられている場合は、自転車専用通行帯の
中を通行する義務があります。

③ 　普通自転車は、一定の場合に歩道を通行できますが、自転車通行指定部
分がない場合は歩道の車道寄り部分を徐行する義務があります。

④ 　路側帯の通行は、著しく歩行者の通行を妨害する場合や軽車両通行禁止
の場合を除き、道路の左側に設置された路側帯を通行できます。

1　自転車道がある場合

　自転車道とは、自転車の通行の用に供するため縁石線または柵その他これ
に類する工作物によって区画された車道の部分をいいます（法2条1項3号
の3）。道路に車線が設けられただけの自転車専用通行帯や、これらの境界
で区分けされていない歩道内の普通自転車通行指定部分は、自転車道には該
当しません。

　普通自転車は、自転車道以外の車道を横断する場合や道路の状況その他の
事情によりやむを得ない場合を除き、自転車道の通行義務があります（法63
条の3・17条3項参照）。道路両側に自転車道がある場合は左右どちらの自転
車道も通行することができますが、一定の例外を除き（Q49参照）、各自転車

道内の中央から左側部分を通行する義務があります（法16条 4 項・17条 4 項・ 5 項）。

② 自転車道以外の車道における走行位置

(1)　自転車専用通行帯が設けられている場合

　自転車は、歩道や路側帯と車道との区別のある道路においては車道を通行しなければならず（法17条 1 項）、自転車マークと「専用」の文字が書かれた道路標識や「自転車専用」などの道路標示により自転車の通行区分が指定されているときは、追越しなどの一定の例外を除き（Q49参照）、指定された車両通行帯を通行しなければなりません（法20条 2 項・ 3 項）。自転車専用通行帯は独立した道路ではないため、自転車の通行は一方向のみ（自動車の進行方向と同じ）で、道路左側に設置された自転車専用通行帯を通行します。

　なお、自転車マークや矢羽根マークが道路にペイントされた自転車ナビマークや自転車ナビラインは、法定外標示（交通規制の法的効力なし）であって、自転車専用通行帯ではありませんので、注意が必要です（〈図 2 〉参照）。

〈図 2 〉　自転車の通行区分

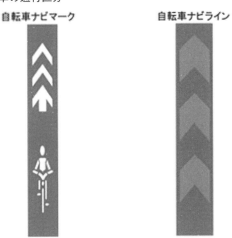

（自転車ナビマーク・自転車ナビライン　東京都三鷹市ウェブサイトより引用）

(2)　車両通行帯のある道路の場合

車両通行帯のある道路（厳密には相違しますが、片側二車線以上の道路と考えてよいでしょう）では、追越しなどの一定の例外を除き（Q49参照）、第一通行帯（一番左側のレーン）を通行する義務があります（法20条1項・3項）。

第一通行帯が左折専用レーンや、バスやタクシーなどの優先・専用レーンであっても自転車には規制が及ばないため、第一通行帯を進行しましょう（法35条1項・20条の2第1項、道路標識、区画線及び道路標示に関する命令別表第1規制標識「専用通行帯」欄および別表第5規制標示「専用通行帯」欄参照）。

(3)　車両通行帯のない道路の場合

車両通行帯が設けられていない道路（センターラインのない道路や片側一車線の道路と考えてよいでしょう）では、追越しなどの一定の例外を除き（Q49参照）、自転車は道路（車道）の左側端に寄って通行する義務があります（法18条1項）。

③　歩道を通行できる場合

自転車は道路外の施設や駐輪場などに出入りするためやむを得ない場合に、歩道や路側帯を横断して車道と行き来することができますが（法17条1項ただし書）、この場合は、歩道や路側帯に入る直前で一時停止義務があり、かつ、歩行者の通行を妨げないようにしなければいけません（法17条2項）。

また、普通自転車（Q46参照）であれば、一定の場合に歩道を通行することができます（Q49参照）。歩道では、左側通行義務（法17条4項）や左側端に寄った通行義務（法18条1項）の適用はなく（これらの条文における「道路」から歩道は除外されているため（法17条4項））、一方通行規制の場合を除き、道路の左右どちら側に設けられた歩道も通行することができます。

普通自転車の通行部分が指定された歩道では、普通自転車はその指定部分の中を通行する義務がありますが、その部分内のどの部分を通行してもよい

です。もっとも、自転車専用道路ではないので（法10条3項参照）、普通自転車通行指定部分を通行中あるいは通行しようとする歩行者がいれば、歩行者優先のため徐行義務があり、歩行者の通行を妨げることとなるときには一時停止義務もあります。歩行者がいない場合には徐行義務はありませんが、安全な速度と方法で通行しましょう。その他の歩道では、歩道の中央から車道寄り部分を通行し徐行しなければなりません（法63条の4第2項）。徐行とは、直ちに停止できる速度で進行すること（法2条1項20号）を意味し、目安としては時速6km〜8km程度とされます（道交法解説675頁）。

4　路側帯が設けられている場合

　路側帯とは、歩道の設けられていない道路または道路の歩道の設けられていない側の路端寄りに白線によって区画された部分のことをいいます（法2条1項3号の4参照）。①白線1本の通常の路側帯のほか、②白線1本と破線1本の駐停車禁止路側帯、③白線2本の歩行者用路側帯の3種類があり、③の路側帯は自転車も通行することができません。

　著しく歩行者の通行を妨げる場合を除き、道路の左側の上記①②の路側帯を自転車で通行できますが、歩行者の通行を妨げないような速度と方法で進行しなければなりません（法17条の2）。「著しく歩行者の通行を妨げる場合」には、歩行者が危険を感じて立ち止まったり飛びのいたりするような場合や、歩行者が車道にはみ出して歩行しなければならない場合などが該当すると考えられますが、歩行者の通行量、路側帯の幅、自転車の大きさや積載物など個別の具体的事情を総合的に考慮して社会通念によって判断されます（道交法解説202頁）。

Q49 自転車の通行区分（例外事由）

自転車の通行区分（Q48）の例外事由には、どのような場合があるのでしょうか。

▶▶▶ Point

① 普通自転車が自転車道を通行しなくてもよい例外事由や、自転車道あるいは車道の右側にはみ出して通行できる例外事由があります。

② 自転車専用通行帯を通行しなくてもよい例外事由や、車両通行帯のある道路における第一通行帯を通行しなくてもよい例外事由、車両通行帯のない道路における左側端に寄らないで通行できる例外事由があります。

③ 普通自転車で歩道を通行できる場合、自転車通行指定部分の通行義務や歩道の車道寄り部分の通行義務には例外事由がありません。

1 自転車道がある場合の走行位置の例外

(1) 普通自転車が自転車道を走行しなくてもよい例外事由

①自転車道以外の車道を横断する場合、②道路の状況その他の事情によりやむを得ない場合には、自転車道を走行する義務はありません（法63条の3）。

このうち上記②には、道路工事や道路損壊などで通行できない場合、路上に放置された物件や駐停車中の車両がある場合、自転車道の幅が狭く相互通行が不可能な場合、自転車道が設けられていない側のごく近距離の同一側へ行く場合（自転車道を通行すると都合二回道路を横断する必要があり危険なため）などが該当するとされます（道交法解説671頁）。

(2)　**自転車道の右側部分にはみ出して走行できる例外事由**

次のような例外事由があり、②～⑤の場合は、はみ出し方ができるだけ少なくなるようにしなければなりません（法17条5項）。

①　自転車道が一方通行となっているとき

②　自転車道の左側部分の幅が自転車の通行のため十分でないとき

③　道路損壊や道路工事などで自転車道の左側部分を通行できないとき

④　自転車道の左側部分の幅が6mに満たない場合に他の自転車を追い越そうとするとき（ただし、自転車道の右側部分を見通すことができ、反対方向からの交通を妨げるおそれがない場合で、道路標識や道路標示により追越しのため右側部分にはみ出して通行することを禁止する道路標識や道路標示がないときに限られます）

⑤　勾配の急な自転車道の曲がり角付近において、「右側通行」の道路標示（指示標示）により右側部分にはみ出して通行できるとき

２　自転車道以外の車道における走行位置の例外

(1)　**車道の右側にはみ出して走行できる例外事由**

上記1(2)①～⑤と同じ例外があてはまります（「自転車道」を「車道」に読み替えてください）（法17条5項）。

(2)　**自転車専用通行帯を走行しなくてもよい例外事由**

道路交通法20条3項の事由のうち、次の事由が自転車に適用されます。

①　追越しをするとき

②　道路外出左折のため道路の左側端に寄るとき（法25条1項）

③　左折するため道路の左側端に寄るとき（法34条1項）

④　右折するため道路の左側端に寄るとき（法34条3項）

⑤　環状交差点（法4条3項）で左折・右折・直進・転回のため道路の左側端に寄るとき（法35条の2）

⑥　進路変更の禁止に従って通行するとき（法26条の2第3項）

⑦　パトカー・消防車・救急車などの緊急自動車（法39条1項、令13条）に対して進路を譲るとき（法40条2項）

⑧　道路の状況その他の事情によりやむを得ないとき（道路損壊や道路工事などで通行帯内を通行できない場合などが該当するとされます（道交法解説213頁））

⑶　**車両通行帯のある道路で第一通行帯を走行しなくてもよい例外事由**

上記2⑵①～⑧と同じ例外があてはまります（法20条3項）。

⑷　**車両通行帯のない道路で左側端に寄らないで走行できる例外**

道路交通法18条1項に列挙される例外のうち、①追越しをするとき、②道路の状況その他の事情によりやむを得ないときが自転車に適用されます。

③　例外的に普通自転車で歩道を通行できる場合

次の①～③の要件を満たす場合には、普通自転車で歩道を通行することができます（法63条の4第1項）。

---

①　自転車が「普通自転車」の要件（Q46参照）を満たすこと

②　次の@～©のいずれかの場合に該当すること

　@　歩道に「自転車通行可」の道路標識または「普通自転車の歩道通行部分」の道路標示がある場合

　ⓑ　運転者が13歳未満か70歳以上、または身体障害者福祉法別表に定める身体障害がある場合（令26条、規則9条の2の3）

　©　その他車道や交通の状況に照らして普通自転車の通行の安全を確保するため歩道通行がやむを得ない場合

　　　たとえば、道路工事や連続した駐車車両などにより車道の左側を通行することが困難な場合や、著しく自動車などの交通量が多く、かつ、車道の幅が狭いなどのために、追越しをしようとする自動車などとの接触事故の危険がある場合などが該当するとされます（道交法解説674頁）。

③　警察官や交通巡視員が歩行者の安全確保のため歩道の通行を禁止する指示をしていないこと

なお、「普通自転車の歩道通行部分」の道路標示（規制標示）により普通

自転車の通行部分が指定されている歩道では、普通自転車通行指定部分の通行義務に対する例外事由が定められていないため、通行指定部分からはみ出して通行することはできません。はみ出さないと通行できないような場合は、一時停止するか、自転車から降りて歩行者として通行することになります。ただし、法令で定められた道路標識や道路標示（道路標識、区画線及び道路標示に関する命令の別表参照）によって普通自転車の通行部分が指定されなければなりませんので、法令に定められていない法定外標示（交通規制の法的効力なし）によって通行部分が指定されている場合には、原則に従って、歩道の中央から車道寄り部分を通行すべきことになります。

　また、歩道の中央から車道寄り部分を通行する義務のある場合も例外事由が定められていないため、普通自転車で歩道の中央から車道寄り部分からはみ出して通行することはできず（法63条の4第2項）、はみ出さないと通行できないような場合は、一時停止するか自転車から降りて通行することになります。

Q50　道路横断・踏切通過・軌道敷内通行

> 　自転車で道路を横断するときや踏切を渡るときの交通ルールを教え
> てください。
> 　また、路面電車の軌道敷内は自転車で通行できるのでしょうか。

▶ ▶ ▶ Point

①　**自転車で道路外の施設や場所に出入りする場合に歩道や路側帯を横断す
るときは、歩道や路側帯に入る前に一時停止義務などがあります。**

②　**自転車で道路を横断する場合、原則として自転車横断帯の通行義務があ
りますが、自転車横断帯のない場所で横断できる場合もあります。**

③　**踏切を通過する際には一時停止義務などがあり、路面電車の軌道敷内は
原則として通行することができません。**

1　自転車で道路を横断するときの交通ルール

(1)　道路外の施設や駐輪場などに自転車で出入りする場合

　道路外へ出入りするためやむを得ず自転車で歩道や路側帯を横断するとき
は、歩道や路側帯に入る直前で一時停止し、歩行者の通行を妨げないように
する義務があります（法17条 2 項）。なお、普通自転車で歩道を通行できる
場合（Q49参照）に車道から歩道に入るときは、道路外の施設や場所への出
入りのためではありませんので、一時停止義務はありません。

　歩行者や他の車両・路面電車の正常な交通を妨害するおそれがあるとき
は、道路外の施設や場所などに出入りするための左折・右折・横断・転回・
後退は禁止されます（法25条の 2 第 1 項）。もっとも、この規定は車道におけ
る行為が規制対象ですので、歩道内で普通自転車が歩行者の正常な交通を妨

害する行為をした場合には適用されず、安全運転義務違反（法70条）の問題となります（道交法解説249頁）。

　車道を走行する自転車が、道路左側の道路外に出るときは、あらかじめその前からできる限り道路の左側端に寄って徐行する義務があります（法25条１項）。道路右側の道路外に出るときは、下記(2)の道路横断の交通ルールに従って道路を横断します。

(2)　自転車で車道を横断する場合

　自転車で道路を横断しようとするときは、自転車横断帯（道路標識や道路標示で示される自転車が道路を横断するための場所。法２条１項４号の２）がある場所の付近では、自転車横断帯を通行して道路を横断する義務があります（法63条の６）。この「付近」とは、道路を横断しようとする場所からおおよそ30m程度の距離とされます（道交法解説677頁・164頁）。この範囲に自転車横断帯がなければ、車両横断禁止の道路標識があるときを除き（法25条の２第２項参照）、自転車で道路を横断することができます。なお、自転車には道路を横断する際に横断歩道（法２条１項４号）を通行しなければならない義務はありません。

　交通車両との優先関係（Q53参照）については、横断場所に信号機があれば信号に従って横断し、信号機がなく自転車横断帯や横断歩道がある場所では、これらの場所で道路を横断しようとする自転車が車道の交通車両に優先します（法38条１項参照）。信号機も自転車横断帯や横断歩道もない場所では、車道の交通車両が優先します（法25条の２第１項参照）。

(3)　自転車で車道において転回（Ｕターン）する場合

　車道を走行する自転車が転回（Ｕターン）する場合、そのまま反対方向に引き返すと逆走になりますので（Q48参照）、道路を横断してから引き返します。転回（Ｕターン）する場合も上記(2)の道路横断の交通ルールに従うことになりますので、自転車横断帯のない場所で車両横断禁止の道路標識がある場合は、転回（Ｕターン）も禁止されることになります。

2　踏切を通過するときの交通ルール

　自転車で踏切を通過しようとするときは、踏切（停止線がある場合は停止線）の直前で一時停止し、電車が接近していないか安全を確認したうえで進行しなければなりません。もっとも、信号機が設置された踏切の場合は一時停止義務が免除されており、信号に従って安全を確認したうえで進行します（法33条1項）。なお、ここでいう「信号機」には、踏切に設置されている警報器や遮断機などは該当しません。

　踏切を通過しようとする場合において、①踏切の遮断機が閉じようとしているとき、②踏切の遮断機が閉じている間（閉じていた遮断機が完全に開放状態になるまでも含むとされます）、③踏切の警報器が鳴っている間は、踏切に進入してはいけません（法33条2項）。

　また、自転車の運転者は、故障その他の理由により踏切において自転車を移動させることができなくなったときは、踏切支障報知装置を操作したり、発煙筒などの非常信号用具を使用したり、その他鉄道関係者や警察官に電話で通報したり、付近の住民にこれらの者に対する通報を依頼するなどの措置を直ちに講ずるとともに、自転車を踏切以外の場所に移動するため必要な措置を講じなければなりません（法33条3項）。

3　路面電車の軌道敷内の通行

　自転車は原則として路面電車の軌道敷内を通行できませんが（法21条1項）、次の場合には例外として路面電車の軌道敷内を通行できます。

　①　左折・右折・横断・転回するため軌道敷を横切る場合（法21条1項）

　②　危険防止のためやむを得ない場合（法21条1項）

　　　たとえば、突然、歩道が飛び出してきた歩行者を避けるため一時的に軌道敷内へ入る場合が挙げられます。もっとも、危険防止のためやむを得ない理由がなくなったときは、直ちに軌道敷外へ出なければなりませ

ん。

③　道路の左側から軌道敷を除いた部分の幅員が自転車の通行に不十分な場合（法21条2項1号）

④　道路の損壊、道路工事その他の障害のため道路の左側部分から軌道敷を除いた部分を通行することができない場合（法21条2項2号）

　その他の障害とは、たとえば、岩石その他の障害物が路上に放置されていたり、路上に自動車が駐車していたりして、道路の左側部分から軌道敷を除いた部分を通行することができないときなどが挙げられます（道交法解説220頁）。

なお、「軌道敷内通行可」の道路標識は自動車が対象ですので、自転車が軌道敷内を通行できる例外事由には該当しません（法21条2項3号参照）。

前記①～④の例外により自転車で軌道敷内を通行できる場合であっても、後方から路面電車が接近してきたときは、路面電車の正常な運行に支障を来さないように、速やかに軌道敷外に出るか、または路面電車から必要な距離を保つようにしなければなりません（法21条3項）。

Q51　進路変更・追越し

　車道を走行する自転車が、駐停車中の車や右折車・左折車を追い越すときは、どうすればよいのでしょうか。また、後方の車両に追いつかれたときはどうすればよいのでしょうか。

▶ ▶ ▶ Point

① 　車道脇に駐車中の車や乗客の乗降のため停車しているタクシー・バスなどを避けて走行する際は、進路変更のルールに従います。

② 　右折車や左折車など前方の走行車両に追いついた際に、追い越すときは進路変更や追越しのルールに従います。

③ 　後方から走行してくる他の車両に追いつかれた場合には、後方車両が安全に追い越すために一定の義務が生じます。

④ 　①～③の交通ルールは、歩道や路側帯を通行する自転車には適用されません。

1　車道走行時における進路変更の交通ルール

⑴　進路変更が禁止される場合

　自転車は、正当な理由のない進路変更をすることは禁止され（法26条の2第1項）、進路変更しようとする先の進路の後方を走行してくる車両や路面電車の交通を妨げる（速度または方向を急に変更させる）おそれがあるときも、進路変更は禁止されます（同条2項）。

　また、車両通行帯が進路変更を禁止する黄色の実線で描かれている場合には、①緊急自動車に進路を譲るときや、②道路損壊・道路工事その他の障害のために車両通行帯を通行できないときを除いて、その境界線を越えて進路

変更してはいけません（法26条の２第３項）。なお、令和３年４月に規制標示が新設され、交差点に近い進路変更禁止区間の手前において、白い破線の空白部分に黄色の矢羽根のペイントが描かれた道路標示の意味は、もうすぐ進路変更禁止区間となることを注意喚起するものです（〈図３〉参照）。

〈図３〉　進路進路変更・追越し

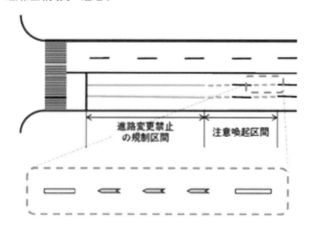

（進路変更禁止の注意喚起表示の設置イメージ　警視庁ウェブサイトより引用）

(2)　停車中のバスや路面電車がある場合の注意

　停留所に停車して乗客の乗降をしていたバスが発進しようと進路変更の合図を出した場合は、その後方を走行する自転車は、速度または方向を急に変更せざるを得ない場合を除き、バスの進路変更を妨げてはいけません（法31条の２）。停車して乗客が乗降中のスクールバスの側方を通過するときは徐行義務もあります（法71条２号の３）。

　また、路面電車が停車して乗客が乗降中は、乗降のために安全地帯（法２条１項６号参照）があるときや、乗降客がおらず路面電車の左側に1.5ｍ以上の間隔を保てるときは路面電車の左側を徐行して通過できますが、その他の場合は乗降が終わるか路面電車の左側を横断中あるいは横断しようとする

下車客がいなくなるまで路面電車の後方で停止しなければなりません（法31条）。

2 車道走行時における追越しの交通ルール

(1) 「追越し」と「追抜き」

自転車にも、走行時の車間距離保持義務（法26条）があり、前方の走行車両との間に必要な車間距離まで追いついた場合に、進路変更して前方車両の側方を通過して前に出ることを「追越し」といい（法2条1項21号）、進路変更せずに前方車両の側方を通過して前に出る「追抜き」とは区別されます。前方車両を追い越す場合、基本的に前方車両の右側を通行する義務がありますが、前方車両が右折しようと道路の中央または右側端に寄って走行しているときは前方車両の左側を通行する義務があります（法28条1項・2項）。前方の路面電車を追い越す場合は、路面電車の左側（軌道が道路の左側端に寄って設置された場合は右側）を通行する義務があります（同条3項）。追越しをする際には、前方や後方の交通や反対車線の交通にも十分注意して安全な速度と方法で進行しなければなりません（同条4項）。

(2) 追越し・追抜きなどが禁止される場合

自転車が追越しをする場合も通行区分の例外が認められていますが（Q49参照）、次の場合は追越しが禁止されます。

① 前方車両がさらに前方の車やバイクなどを追い越そうとしているとき（二重追越しの禁止。法29条）

② 追越し禁止の道路標識や進路変更禁止の道路標示がある場合（法30条柱書）

③ 道路の曲がり角付近（直角や鋭角に曲がるような道路）、上り坂の頂上付近、勾配の急な下り坂（法30条1号。なお、これらの場所では徐行義務もあります。法42条2号）

④ 車両通行帯のない道路（センターラインのない道路や片側一車線道路と

考えてよいでしょう）のトンネル内（法30条2号）

⑤　優先道路を通行している場合を除く交差点・踏切・横断歩道・自転車
　　横断帯と、そこから30m手前までの区間（法30条3号）

横断歩道や自転車横断帯と、そこから30m手前までの区間については、
追抜きも禁止されます（法38条3項）。

ただし、上記②～⑤の場合、追い越される車両に軽車両は含まれないの
で、自転車が自転車を追い越す・追い抜く場合は禁止されていません。

また、前方車両が赤信号などの法令や警察官の命令に従い、また危険防止
のために、停車中または停車しようと徐行している場合に、自転車が追いつ
いたときは、前方車両の側方を通過して前に割り込んだり、前方車両の前方
を横切ったりしてはいけません（法32条）。

なお、自転車は原則として並進が禁止されますが（法19条・63条の5）、並
進とは同一速度で同一方向に並んでの進行をいうため、追越しや追抜きの過
程における一時的な並列状態は、並進には該当しないとされます（道交法解
説207頁）。

3　後方の走行車両に追いつかれた自転車の義務

自転車で車道走行中に、後方の走行車両に追いつかれた場合や後続車より
も遅い速度で走行しようとする場合は、追いついた車両が自転車の追越しを
終わるまで加速してはいけません（法27条1項）。

車両通行帯のない道路（センターラインのない道路や片側一車線の道路と考
えてよいでしょう）で後方の走行車両に追いつかれた場合は、道路の中央
（一方通行の場合は道路の右側端）との間に十分な余地がないときは、自転車
は道路の左側端に寄って後続車に進路を譲らなければいけません（法27条2
項）。自転車が路側帯を通行できる場合（Q48参照）には、路側帯に入って進
路を譲ることになります（道交法解説276頁）。

Q52　自転車が従うべき信号

自転車で交差点を通行する場合、車両用信号機と歩行者用信号機のどちらの信号に従えばよいのでしょうか。

▶ ▶ ▶ Point

① 車道走行時は、基本的に車と同じ車両用信号機に従います。

② ただし、歩行者用信号機に「歩行者・自転車専用」の標識がある場合には、車道を通行する自転車も、歩行者用信号機に従います。

③ 普通自転車で歩道通行時は、歩行者用信号機（「自転車専用」や「軽車両用」などの標識がある場合は、それらの標識のある信号機）に従います。

1　自転車で道路（車道）を走行している場合

自転車は軽車両に分類され（法2条1項11号イ）、原則として車道を通行します（法17条1項）。車道走行中の自転車は、基本的に車と同じく対面する車両用信号機に従い、「自転車専用」や「軽車両用」などの補助標識付きの信号機がある場合は、その信号機に従います（法7条・4条4項、令2条1項・3項・5項）。

ただし、交差点の歩行者用信号機に「歩行者・自転車専用」の補助標識がある場合は、車道を走行する自転車も、その歩行者用信号機に従わなければなりません（警視庁「自転車の正しい乗り方」参照）。横断歩道に隣接して自転車横断帯が設置されている場合に、歩行者用信号機に「歩行者・自転車専用」の補助標識が付されることが多いようです。

なお、「斜め横断専用」の補助標識が付された信号機も、交差点を斜めに横断する歩行者と普通自転車が従う信号です（規則3条の2）。

　したがって、自転車で車道を走行している場合でも、交差点に設けられた歩行者用信号機に「歩行者・自転車専用」の標識があるかどうかを確認し、その標識がある歩行者用信号機が赤信号であれば、たとえ対面する車両用信号機が青信号であっても、車道の停止線（停止線がない場合は交差点）の直前で停止しなければなりません。普通自転車で歩道を通行できる場合（Q49参照）は、停止線や交差点の手前で歩道に入り、対面する歩行者用信号機に従って道路を横断しましょう。普通自転車は、交差点進入禁止の道路標示がある場合は、その道路標示を越えて交差点に入ってはいけません（法63条の7第2項）。

　なお、自転車で車道を走行している場合でも、交差点やその付近に自転車横断帯が設けられているときには、自転車は自転車横断帯を通行する義務があります（法63条の7第1項）。もっとも、この通行方法では車道の左側を通行する自転車がいったん左に寄ることにより左折するものと勘違いされ巻き込み事故につながる恐れがあるとの指摘があったため、警察庁は平成23年10月に、原則として、「自転車通行可」の歩道をつなぐ自転車横断帯を撤去するよう通達（平成23年10月25日・警察庁丙交企発第85号、丙交指発第34号、丙規発第25号、丙運発第34号・警察庁交通局長通達「良好な自転車交通秩序の実現のための総合対策の推進について」）を出し、通達に基づいた整備が行われています。

② 普通自転車で歩道を通行している場合

　普通自転車で歩道を通行する場合は、対面する歩行者用信号に従います。自転車横断帯が設置されていない交差点では通常の歩行者用信号機に従って横断歩道を横断し、自転車横断帯が設置された交差点では、「歩行者・自転車専用」の標識が付された歩行者用信号機に従って自転車横断帯を横断することが多いと思います。

　もっとも、全国の交差点の中には、横断歩道に隣接して自転車横断帯が設

けられていても、対面する歩行者用信号機に「歩行者・自転車専用」の補助標識がないケースも見受けられるようです。通常の歩行者用信号機における青信号の意味は、普通自転車は横断歩道を直進または左折できるという意味（右折は、いわゆる二段階右折を要する。Q54参照）ですので（令2条1項「人の形の記号を有する青色の灯火」下欄参照）、自転車横断帯通行義務との関係で、横断歩道と自転車横断帯のどちらを通行するのか疑義が生じてしまいます。管轄する警察署の交通課に通行方法を問い合わせるか、普通自転車から降りて押して歩行者として（法2条3項2号）横断歩道を横断することを推奨します。

　なお、交通規制の法的効力を有しない「交通の方法に関する教則」（昭和53年国家公安委員会告示第3号）では、横断歩道を横断中の歩行者がいないなど歩行者の通行を妨げるおそれのない場合を除き、自転車に乗ったまま横断歩道を通行してはいけないと指導しています。

③ 信号の意味

　交差点での自転車に対する信号の意味は次の〔図1〕～〔図4〕のとおりです（令2条1項・4項）。

〔表1〕　三灯式信号の場合

青色の灯火	直進（二段階右折中の直進を含む）・左折可能
黄色の灯火	停止位置（停止線の直前か停止線がないときは交差点の直前）を越えて進行不可 ただし、黄色点灯時に停止位置に近接していて安全に停止できない場合は進行可能
赤色の灯火	停止位置（停止線の直前か停止線がないときは交差点の直前）を越えて進行不可だが、すでに左折しているときは進行可能 二段階右折中の右への方向転換後はその場で停止
黄色の点滅	他の交通に注意して進行可能

赤色の点滅	停止位置（停止線の直前か停止線がないときは交差点の直前）にて一時停止

〔表2〕 青色の矢印信号が表示されている場合

直進・左折方向	灯火が黄信号や赤信号の場合でも、直進（二段階右折中の直進を含む）・左折可能
右折方向	右折しようとする自転車は進行不可（直進車とみなされる）

〔表3〕 歩行者用信号の場合（「歩行者・自転車専用」の標識がない場合）

青色の灯火	普通自転車は横断歩道において直進・左折可能
青色の点滅	横断歩道を進行しようとする普通自転車は道路の横断開始不可
赤色の灯火	横断歩道を進行しようとする普通自転車は道路の横断開始不可

〔表4〕 歩行者用信号の場合（「歩行者・自転車専用」の標識がある場合）

青色の灯火	直進（二段階右折中の直進を含む）・左折可能
青色の点滅	道路の横断開始不可、また、停止位置（停止線の直前か停止線がないときは交差点の直前）を越えて進行不可 ただし、点滅時に停止位置に近接していて安全に停止できない場合は進行可能
赤色の灯火	道路の横断開始不可、また、停止位置（停止線の直前か停止線がないときは交差点の直前）を越えて進行不可だが、すでに左折しているときは進行可能 二段階右折中の右への方向転換後はその場で停止

Q53　交通整理のされていない交差点

> 　自転車で車道を走行する場合、信号機が設置されていない交差点では、交通の優先関係はどうなっているのでしょうか。

▶ ▶ ▶ Point

①　**交通整理のされていない交差点や左右の見通しがきかない交差点では、一時停止義務や徐行義務が課される場合があります。**

②　**優先道路かどうかや環状交差点かどうか、道路幅の広さの違いなどによって、交差道路の交通が優先される場合や、交差道路を左から進行してくる車両の交通が優先される場合などがあります。**

③　**歩行者との関係では、歩行者の通行が優先されます。**

1 自転車に一時停止義務が課される場合

(1)　一時停止の道路標識がある場合

　自転車で交通整理のされていない交差点を通行しようとする場合、一時停止の道路標識があるときは停止線（停止線がない場合は交差点）の直前で一時停止しなければなりません（法43条）。

　なお、道路にペイントされた「止まれ」などの文字は法定外標示（一時停止規制の法的効力なし）ですが、他の理由で一時停止義務が生じる場合や交通の安全のために注意喚起するものですので、標示に従いましょう。また、停止線は指示標示ですので、停止線があるだけでは一時停止規制の効力は生じません。

(2)　横断歩道や自転車横断帯を横断する歩行者や自転車がいる場合

　自転車で道路を走行中に横断歩道や自転車横断帯に接近した場合、その横

断歩道や自転車横断帯を通行しようとする歩行者や自転車がいないことが明らかな場合を除き、横断歩道や自転車横断帯（停止線がある場合は停止線）の直前で停止することができるような速度で進行しなければなりません。そして、前方に横断歩道や自転車横断帯を横断中または横断しようとする歩行者や自転車がいる場合には、横断歩道や自転車横断帯（停止線がある場合は停止線）の直前で一時停止し、かつ、その通行を妨げないようにしなければなりません（法38条１項）。なお、この交通ルールは、信号機が設置されている横断歩道や自転車横断帯においても適用されますので、注意が必要です。

(3)　横断歩道や自転車横断帯付近で車両や路面電車が停車中の場合

　横断歩道上や自転車横断帯上、それらの直前の位置に停車中の車両や路面電車の側方を自転車で通過して前方に出ようとするときは、信号により歩行者や自転車の横断が禁止されている場合を除き、前方に出る前に一時停止しなければなりません（法38条２項）。

2　徐行義務が課される場合

(1)　徐行の道路標識がある場合

　自転車は、徐行の道路標識がある場合には徐行義務があります（法42条柱書）。道路にペイントされた「徐行」等の文字は法定外標示（徐行規制の法的効力なし）ですが、前記1(1)と同様の理由から標示に従いましょう。なお、徐行とは、直ちに停止できる速度で進行すること（法２条１項20号）を意味します。

(2)　左右の見通しのきかない交差点を通行する場合

　交通整理が行われている場合や優先道路（道路標識により優先道路と指定される道路や、交差点内にもセンターラインや車両通行帯が続いている道路。法36条２項）を通行している場合を除き、左右の見通しがきかない交差点に入ろうとするときや、交差点内で左右の見通しがきかない部分を通行しようとするときには、徐行しなければなりません（法42条１号）。

たとえ通行している道路幅が交差する道路幅よりも明らかに広いときであっても、優先道路を通行していなければ徐行義務は免除されません（最高裁昭和63年4月28日判決・刑集42巻4号793頁）。

⑶ **交差道路が優先道路である場合や道路幅が明らかに広い場合**

自転車で優先道路以外を走行して交通整理のされていない交差点に入ろうとする場合、交差道路が優先道路のときや、交差道路幅の方が明らかに広いときは、徐行義務があります（法36条3項）。

⑷ **環状交差点に入ろうとする場合**

環状交差点（時計回りに通行するドーナツ状の交差点。法4条3項参照）への進入時には徐行義務があります（法37条の2第2項）。

③ 交通整理の行われていない交差点における交通の優先関係

⑴ **優先道路を走行している場合**

自転車で優先道路を走行している場合は、交差道路の交通車両に優先して通行できますが、しっかり安全を確認しましょう。

⑵ **環状交差点の場合**

環状交差点に入る場合は、環状交差点内を通行する車両の進行を妨げてはいけません（法37条の2第1項）。

⑶ **交差道路を通行する車両や路面電車の交通が優先する場合**

交差道路が優先道路である場合（「前方優先道路」と付された徐行や一時停止の道路標識、道路にペイントされた逆三角形の道路標示で判断できる場合があります）や、通行している道路幅よりも交差道路の幅の方が明らかに広い場合（法36条2項）、交差点やその手前の直近において一時停止の道路標識がある場合（法43条）には、交差道路を通行する車両や路面電車の進行を妨げてはいけません。

⑷ **交差道路を左から進行する車両・路面電車の交通が優先する場合**

上記⑴〜⑶では優先関係が決まらない場合は、左方向から進行してくる車

両や路面電車の進行を妨げてはいけません（法36条1項1号）。

(5)　歩行者や自転車横断帯を通行する自転車との関係

　横断歩道や自転車横断帯に接近した際に、それらの場所を横断中または横断しようとする歩行者や自転車がいるとき（法38条1項）や、交差点やその直近に横断歩道がない場所で歩行者が道路を横断しているとき（法38条の2）、いわゆる交通弱者（身体障害者や高齢者、13歳未満の子ども）が通行しているときも、その通行を妨げてはいけません（法71条2号・同条2号の2。Q56参照）。

　また、自転車が道路（車道）を走行中に、歩行者の側方を通過するときは、安全な間隔を保つか、それができないときは徐行する義務があります（法18条2項）。

　「安全な間隔」とは、車両の進行速度との関係もあり、画一的に何mということはいえないが、よろけたり、急に道路を横断しようとしたりするような歩行者の行動に不測の変化があったとしても歩行者の安全が図られるような間隔という面から最低1mは必要だとされています（道交法解説206頁〜207頁）。

Q54　交差点における右左折の方法

車道を走行する自転車が、交差点で右折や左折しようとする場合、どのように進行しなければならないのでしょうか。

▶ ▶ ▶ Point

① **車道を走行する自転車が交差点で右折するときは、いわゆる二段階右折の方法で右折しなければなりません。**

② **スクランブル交差点の場合は、車道を走行する自転車は二段階右折の方法で右折しなければなりません。普通自転車が横断歩道を通行できる場合は、斜めに敷設された横断歩道を走行することも可能です。**

③ **環状交差点の場合は、できる限り交差点の側端に沿って（通行部分が指定されているときはその指定部分を）徐行する義務があります。**

1　交差点における右折や左折の方法

(1)　交差点における二段階右折の方法

　車道を走行する自転車が交差点を右折するときは、対面する車両用信号に従い（ただし、右折方向の青矢印信号の場合は、右折しようとする自転車は進行できないことに注意。Q52参照）、あらかじめその前からできる限り道路の左側端に寄り、かつ、交差点の側端に沿って徐行しなければならず（法34条3項）、方向転換後は交差道路側の車両用信号に従って進行する二段階右折の方法で右折しなければなりません（合図については Q55参照）。交差点で右折する場合は、交差点を直進または左折しようとする車両や路面電車の進行を妨げてはいけません（法37条）。

　なお、交差点またはその手前の直近において、普通自転車の交差点進入禁

止の道路標示がある場合は、その道路標示を越えて交差点に入ることができませんので（法63条の7第2項）、車道を走行する普通自転車は歩道を通行しましょう。

　二段階右折の方法を図示すると、〈図4〉のように、道路の左側端に寄り（図中①の位置）、交差点の側端に沿って（自転車横断帯がある場合は自転車横断帯を通行して）徐行し、交差点の角の位置（普通自転車で歩道を通行できる場合（Q49参照）であれば歩道内も可能。図中②の位置）で右折（方向転換）し、信号機の設置された交差点では、交差道路側の車両用信号に従って進行します。交通整理のされていない交差点であれば、他の車両や路面電車の通行を妨害してしまうときは図中②の位置で一時停止し、通行を妨害するおそれがなければ右折後そのまま進行することも可能です。

　複雑な形状の交差点や丁字路などでの右折地点（図中②の位置）についても同様に、交差点の側端に沿って進行した先の直進車や左折車などの通行の妨害とならない交差点の角付近の位置と解されますが、普通自転車で歩道を通行できる場合（Q49参照）は、歩道を通行して方向転換し道路を横断することも可能です。

〈図4〉　交差点における右折例

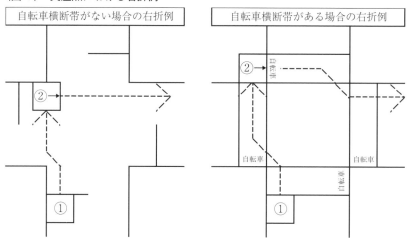

(2)　**交差点における左折の方法**

車道を走行する自転車が交差点を左折する場合は、あらかじめその前からできる限り道路の左側端に寄り、かつ、できる限り道路の左側端に沿って（道路標識や道路標示により通行部分が指定されているときはその指定部分を）徐行する義務があります（法34条１項）。

(3)　**交差点を通行する際の注意**

前方を走行する車両が右折または左折しようと合図をした場合、その後方を走行する自転車は、速度または方向を急に変更しなければならない場合を除いて、その合図をした車両の進路の変更を妨げてはいけません（法34条６項）。

また、信号機の設置された交差点に入ろうとする自転車が、前方の交通状況により交差点内で停止し交差道路の交通妨害となるおそれがある場合には、その交差点に進入してはいけません（法50条１項）。

② スクランブル交差点の場合

歩車分離式の信号が設置された交差点で、交差点の対角線方向にも横断歩道が設置されているスクランブル交差点の場合でも、車道を走行する自転車は、基本的に対面する車両用信号に従って（Q52参照）二段階右折の方法で右折しなければいけませんので、注意が必要です。

歩道を通行していた普通自転車が横断歩道を通行できる場合（Q49参照）は、斜めに設置された横断歩道を普通自転車で横断することも可能ですが、歩行者の通行が優先され、自転車が歩行者の側方を通過するときは、歩行者との間に安全な間隔を保つか、それができないときは徐行する義務があります（法18条２項）。安全な間隔とは、状況にもよりますが最低１ｍは必要とされます（Q53参照）。もっとも、人通りが多く歩行者の進行方向も一定ではないスクランブル交差点では、自転車が歩行者の通行を妨げることなく横断歩道を横断することは困難と思われますので、自転車から降りて横断するこ

とを推奨します。

　なお、歩車分離式の信号が設置されている交差点であっても、交差点の対角線方向に横断歩道が設置されていないときは、交差点内を斜めに横断することはできません（法12条2項参照）。

③ 環状交差点の場合

　時計回り（右回り）に進行するドーナツ状の環状交差点（法4条3項参照）を右折または左折したい場合は、自転車も車もあらかじめその前からできる限り道路の左側端に寄り、かつ、できる限り環状交差点の側端に沿って（道路標識や道路標示により通行部分が指定されているときはその指定部分を）徐行し、直前の出口を通過した際に（最初の出口で左折する場合は環状交差点に進入してすぐに）左折の合図を出し、安全を確認したうえで左折することになります（法35条の2第1項・2項）。

　環状交差点では進行方向が指定されていますので、右折したい場合でも、交差点を時計回り（右回り）に進行し、進行したい方向の出口に差しかかった際に左折することになりますので、逆走しないよう注意しましょう。

Q55　合図義務

> 自転車を運転する際の合図の出し方について教えてください。

▶▶▶ Point
① 自転車の運転者は、左折・右折・転回・徐行・停止・後退・進路変更に際して、手、方向指示器または灯火により合図する義務があります。
② 環状交差点においては、環状交差点を出るときや、環状交差点において徐行・停止・後退するときに同様に合図義務があります。

1　自転車運転者の合図義務

　自転車の運転者は、左折・右折・転回・徐行・停止・後退・進路変更に際して、手、方向指示器または灯火により合図し、これらの行為が終わるまで合図を継続しなければなりません（法53条1項）。環状交差点においては、徐行・停止・後退の際や環状交差点を出るときに、手、方向指示器または灯火により合図し、これらの行為が終わるまで合図を継続しなければなりません（法53条2項）。

　また、これらの行為が終わったら合図をやめなければなりませんし、合図で示した行為をしないのに合図してはいけません（法53条3項）。

　なお、合図義務の違反には罰則（5万円以下の罰金。法120条1項8号・2項。Q58参照）もありますが、合図の継続による片手運転でバランスを崩しそうになった場合には、安全運転義務（法70条）が優先し、合図を中断しても合図義務違反には問われないと考えられます。

2 合図の時期および方法

　自転車の運転者が合図を行うべき時期および合図の方法は次の〈表5〉および〈表6〉のとおりです。

〈表5〉 環状交差点以外の場合（令21条1項）

合図を行う場合	合図を行う時期	合図の方法
左折するとき	左折しようとする地点（交差点で左折するときは交差点の手前の側端）から30メートル手前の地点に達したとき	① 手による合図の場合 　ⓐ 左腕を車体の左側の外に出し水平に伸ばす または、 　ⓑ 右腕を車体の右側の外に出し肘を垂直に上に曲げる ② 方向指示器による場合 　左側の方向指示器を操作
同一方向に進行しながら進路を左に変えるとき	進路変更しようとする3秒前のとき	
右折または転回するとき	右折または転回しようとする地点（交差点で右折するときは、交差点の手前の側端）から30メートル手前の地点に達したとき	① 手による合図の場合 　ⓐ 右腕を車体の右側の外に出し水平に伸ばす または、 　ⓑ 左腕を車体の左側の外に出し肘を垂直に上に曲げる ② 方向指示器による場合 　右側の方向指示器を操作
同一方向に進行しながら進路を右に変えるとき	進路変更しようとする3秒前のとき	
徐行または停止するとき	徐行または停止しようとするとき	① 手による合図の場合 　腕を車体の外に出して斜め下に伸ばす ② 制動灯による場合 　保安基準を満たす制動灯を点灯

		手による合図の場合
後退するとき	後退しようとするとき	腕を車体の外に出して斜め下に伸ばし、かつ、手のひらを後ろに向けてその腕を前後に動かす

〈表6〉　環状交差点の場合（令21条2項）

合図を行う場合	合図を行う時期	合図の方法
環状交差点を出るとき	環状交差点を出ようとする地点の直前の出口の側方を通過したとき（環状交差点に入った直後の出口を出る場合は環状交差点に入ったとき）	①　手による合図の場合 　ⓐ　左腕を車体の左側の外に出し水平に伸ばす 　または、 　ⓑ　右腕を車体の右側の外に出し肘を垂直に上に曲げる ②　方向指示器による場合 　左側の方向指示器を操作
環状交差点において徐行または停止するとき	環状交差点において徐行または停止しようとするとき	①　手による合図の場合 　腕を車体の外に出して斜め下に伸ばす ②　制動灯による場合 　保安基準を満たす制動灯を点灯
環状交差点において後退するとき	環状交差点において後退しようとするとき	手による合図の場合 腕を車体の外に出して斜め下に伸ばし、かつ、手のひらを後ろに向けてその腕を前後に動かす

3　自転車運転者の合図義務に関するこれまでの検討

　平成19年に行われた「自転車の安全な通行方法等に関する検討懇談会」では、片手運転を回避するためには自転車に方向指示器が装備されることが望ましいとされましたが、当面は「交通の方法に関する教則」（昭和53年国家公安委員会告示第3号）により合図の必要性や可能な限りの合図の励行につい

て周知を図りつつ、望ましい合図のあり方については、警察庁において引き続き調査研究し、結論を得るよう促すことが適当であるとされました。

　平成24年に行われた「安全で快適な自転車利用環境の創出に向けた検討委員会」の提言においても、複雑な自転車の交通ルールを、すべての道路利用者が容易に理解できるものとなるよう簡素化について検討するとともに、それに対応した標識などの変更を検討することや、右左折時の合図などのあり方について検討するとして今後の検討課題とされ、現在に至っています。

Q56　安全運転に関する主な義務

> 自転車の安全運転に関する主な義務について教えてください。

▶ ▶ ▶ Point

① 自転車の運転者には安全運転義務があるほか、道路交通法や各都道府県の規定により定められる運転者の遵守事項を守らなければなりません。

② 道路を走行するときには、通行禁止かどうかの確認や速度制限、他の交通との安全な間隔保持などに気をつけましょう。

③ 酒酔い運転や過労運転などの禁止は自転車にも適用されます。

1　安全運転義務

　自転車の運転者は、自転車のハンドル、ブレーキその他の装置を確実に操作し、道路や交通、自転車の状況に応じて他人に危害を及ぼさないような速度と方法で運転する義務があります（法70条）。

　安全運転義務の内容としては、①安全操作履行義務と②安全状態確認義務があると解され、たとえば、上記①の違反例としては自転車の両手放し運転など、上記②の違反例としては接触事故を避けるため十分に注意しない運転などが考えられます（道交法解説770頁・773頁）。もっとも、この規定は補充規定とされますので、ほかの条文に違反するときはその他の条文が適用されます。ほかの交通規定に違反しなくても、運転態様により安全運転義務違反に問われることがあります。

2　自転車運転者の遵守事項

　自転車の運転者は、次の事項を守らなければなりません（法71条参照）。

① ぬかるみや水たまりを通行するときは、泥よけ器を付けるか徐行するなどして、泥土や汚水などを飛散させて他人に迷惑を及ぼすことがないようにすること

② 身体障害者用の車いすが通行しているとき、視覚障害者や聴覚障害者が杖を携えたり盲導犬を連れたりして歩行しているとき、身体障害者など歩行に支障がある者が通行しているとき、保護者が付き添っていない13歳未満の子どもが歩行しているとき、高齢者が通行しているときには、一時停止するか徐行して、これらの者の通行を妨げないようにすること

③ 小学校や幼稚園などのスクールバスの側方を通過するときは、徐行して安全を確認すること

④ 自転車に乗車している者の転落や、積載物の転落または飛散を防ぐために必要な措置を講ずること

⑤ 自転車の積載物が道路に転落したり飛散したりしたときは、速やかに転落物や飛散物を除去するなど道路における危険を防止するため必要な措置を講ずること

⑥ 安全を確認しないで自転車から降りないようにし、自転車の同乗者が自転車から降りて交通の危険を生じさせないようにするため必要な措置を講ずること

⑦ 自転車から離れるときは、原動機を止め、完全にブレーキをかけるなど自転車が停止の状態を保つため必要な措置を講ずること

⑧ 各都道府県で定められる道路交通法施行細則または道路交通規則により禁止される行為をしないこと

　傘差し運転、物を担ぎながら・持ちながらの運転、携帯電話を使用しながらの運転、イヤホンを装着し周囲の音が聞こえない状態での運転などが各都道府県で禁止されている例です。

3　道路を走行する際に注意すべきこと

(1)　自転車での通行が禁止される道路など

　自転車は、「車両通行止め」や「自転車通行止め」の道路標識により自転車の通行が禁止される道路や道路標示などで通行が禁止される部分を通行してはいけません（法8条）。

　また、「歩行者用道路」の道路標識がある場合も、補助標識で自転車が除外されているか、警察署長の許可がなければ、自転車で通行することはできません。例外的に歩行者用道路を通行できる場合は、特に歩行者に注意して徐行しなければなりません（法9条）。

　さらに、自転車は、安全地帯（法2条1項6号）または「車両進入禁止」の道路標識や「車両立入禁止」の道路標示などにより自転車の通行の用に供しない部分であることが表示されているその他の道路の部分に入ってはいけません（法17条6項）。なお、「車両通行止め」と「車両進入禁止」の大きな違いは、「車両進入禁止」は標識が設置された側の通行が制限されますが反対側からの通行は可能であるのに対して、「車両通行止め」はどの方向からも通行が制限されるという点があげられます。

　なお、道路上に斜めの白線を白い枠線で囲んだ道路標示（「導流帯」。いわゆるゼブラゾーン）は、車両進入禁止の交通規制の効力までは有しませんが、車両の安全かつ円滑な走行を誘導するためのものですので、できるだけ自転車で走行しないようにしましょう。

(2)　速度制限

　歩道を通行する普通自転車には基本的に徐行義務があり（Q48参照）、道路標識や道路標示により最高速度が指定された道路（車道）では、自転車も速度規制に従う義務があります（法22条1項）。法定速度内の走行であっても、具体的状況下で事故につながる蓋然性が高いような危険な速度または方法での走行は、安全運転義務（法70条）違反となります。

　自転車には最低速度の制限はありませんが、危険を防止するためのやむを得ない場合でなければ、自転車を急停止させたり急ブレーキをかけたりしてはいけません（法24条）。

　(3)　車間距離保持義務

　同一進路を進行中の他の車両や路面電車の直後を自転車で進行するときは、その直前の車両や路面電車が急に停止したとしても追突を避けることができる距離を保持する義務があります（法26条）。

　(4)　車道を通行する歩行者との安全間隔保持義務

　歩行者が、①歩道や路側帯と車道との区別のない道路を通行している場合、②車道を横断している場合、③歩道や路側帯の車道寄りを通行している場合などで（道交法解説206頁）、自転車が歩行者の側方を通過するときは、歩行者との間に安全な間隔を保つか、それができないときは徐行する義務があります（法18条2項）。

4　自転車の運転自体が禁止される場合

　自転車の装備不良の場合に運転が禁止されることがありますが（Q47参照）、自転車の運転者の状態によっても運転が禁止される場合があります。

　自転車でも酒気帯び運転は禁止され、酒気を帯びた者に自転車を提供したり、自転車を運転するとわかっていて酒を提供したり飲酒を勧めたりする行為なども禁止されます（法65条）。

　また、過労・病気・薬物の影響その他正常な運転ができないおそれがある状態での運転も禁止されます（法66条）。

Q57　自由刑（懲役・禁錮）を含む刑罰

　自転車の交通違反に対しては、どのような処分がありますか。また、刑罰として刑務所に収監される可能性のある主な違反を教えてください。

▶▶▶ Point

① 　自転車の交通違反に対する処分としては行政処分と刑事処分があります。

② 　行政処分は前科にはなりませんが、懲役刑や罰金刑といった刑事処分を受けると前科になります。

③ 　罰則規定では、違反事実を認識していた故意による違反と、注意していれば違反事実を認識できた過失による違反があり、前者のほうが重く処罰されます。

1　自転車の交通違反に対する処分

　自転車の運転には運転免許が必要なく、交通違反の点数制度（交通違反の程度に応じた点数の累積によって、免許停止や免許取消しなどの処分が科される制度）や、交通反則通告制度（軽微な交通違反について反則金を納付することで刑事処分を回避できる制度）、駐車違反車両の放置違反金制度（駐車違反に対して運転者ではなく駐車違反車両の使用者に対して放置違反金を課する制度）といった行政処分は自転車には適用されません（法84条・125条1項・51条の4第1項参照）。

　ただし、自転車の危険な運転で事故を起こした場合、今後運転者が自動車などを運転すると著しく交通の危険を生じさせるおそれがあると判断されれ

ば、運転者が有する自動車免許などの免許停止処分や免許取消処分を受ける可能性があります（法103条1項8号）。

　一方、刑事処分としての刑罰は自転車にも適用されます。前科となる刑事責任を実際に追及されるケースは非常に少ないのが現状ですが、自転車の違反マナーの悪さが社会問題化しており、厳罰化の方向に進んでいくことも予想されます。

　なお、警察庁「多様な交通主体の交通ルール等の在り方に関する有識者会議」は、令和3年4月15日、中間報告書の中で自転車の交通違反に対する少額違反金制度の創設を求める提言をしています。

　今後、行政処分としての違反金制度が創設されれば、自転車の交通ルールに対する取締りも一層強化されると考えられます。

2 自転車の交通違反に対する刑罰（懲役刑や禁錮刑を含む主な違反）

　自転車の交通違反に対する刑罰のうち、刑務所に収容される可能性のある主な違反としては、以下の場合があげられます。なお、懲役刑と禁錮刑はいずれも刑務所に収監される刑罰ですが、懲役刑には刑務作業の義務があり、禁錮刑には刑務作業の義務がないという違いがあります。

⑴　5年以下の懲役または禁錮もしくは100万円以下の罰金

　重大な過失により人を死傷させる交通事故を起こした場合は重過失致死傷罪が成立します（刑法211条後段）。

　重大な過失とされる例としては、著しく高速度での運転や飲酒運転、スマートフォンを見ながらの運転などがあげられます。なお、業務上過失致死傷罪（刑法211条前段）は自転車での交通事故には適用されません。

⑵　5年以下の懲役または100万円以下の罰金

　次のような場合が、これにあたります。

　①　酒酔い運転（アルコールの影響で正常な運転ができないおそれがある状態

で自転車を運転）した場合（法117条の2第1号）

② 酒酔い運転した者に自転車を提供した場合（法117条の2第2号）

③ 麻薬・大麻・あへん・覚せい剤などの違法薬物の影響で正常な運転ができないおそれがある状態で自転車を運転した場合（法117条の2第3号）

④ 他の交通を妨害する目的で、通行区分違反・急ブレーキ禁止違反・車間距離保持義務違反・進路変更禁止違反・追越し方法違反・消灯減光違反・警音器使用違反・安全運転義務違反のいずれかに該当する行為で、道路における著しい交通の危険を生じさせた場合（法117条の2第6号）

　妨害運転罪と呼ばれる、いわゆるあおり運転を対策とする刑罰です。あおり運転の社会問題化に伴い、令和2年6月30日施行改正法で創設されました。

⑶ 3年以下の懲役または50万円以下の罰金

次のような場合が、これにあたります。

① 酒酔い運転した者に酒類を提供した場合（法117条の2の2第5号）

② 過労・病気・上記⑵③以外の薬物などの影響で正常な運転ができないおそれがある状態で自転車を運転した場合（法117条の2の2第7号）

③ 他の交通を妨害する目的で、通行区分違反・急ブレーキ禁止違反・車間距離保持義務違反・進路変更禁止違反・追越し方法違反・消灯減光違反・警音器使用違反・安全運転義務違反のいずれかに該当する行為で、交通の危険を生じさせるおそれのある運転をした場合（法117条の2の2第11号）

　令和2年6月30日施行改正法で創設された妨害運転罪です。

⑷ 1年以下の懲役または10万円以下の罰金

自転車で交通事故を起こした後、負傷者の救護や道路の危険防止措置などを講じずに逃走するひき逃げや当て逃げをした場合（法117条の5第1号）が、これにあたります。

⑸　**6月以下の懲役または10万円以下の罰金**

速度違反をした場合（法118条1項）が、これにあたります。

⑹　**3月以下の懲役または50万円以下の罰金**

アルコール呼気検査の拒否や検査を妨害した場合（法118条の2）が、これにあたります。

⑺　**3月以下の禁錮または10万円以下の罰金**

過失により速度違反をした場合（法118条2項）が、これにあたります。

⑻　**3月以下の懲役または5万円以下の罰金**

次のような場合が、これにあたります。

①　道路標識などを設置するまでの代わりとしての警察官の現場指示や、通行禁止、通行制限の指示に従わなかった場合（法119条1項1号）

②　信号無視、通行禁止違反、歩行者用道路徐行義務違反をした場合（法119条1項1号の2）

③　急ブレーキ禁止違反をした場合（法119条1項1号の3）

④　追越し禁止場所での追越し違反、踏切一時停止違反、遮断踏切進入、横断歩道・自転車横断帯の歩行者・自転車の通行妨害、徐行場所での徐行違反、一時停止違反をした場合（法119条1項2号）

⑤　通行区分違反、歩行者側方安全間隔保持違反、道路外出右左折・横断・転回・後退禁止違反、追越し方法違反、追越し禁止違反、乗降中路面電車接近時の停止徐行違反、優先通行車両妨害、交差点徐行違反、交差点安全進行違反、交差点横断歩行者通行妨害をした場合（法119条1項2号の2）

⑥　安全運転義務違反、身体障害者など交通弱者の通行妨害、スクールバス側方徐行安全確認違反、安全地帯歩行者側方徐行違反をした場合（法119条1項9号・9号の2）

⑦　自転車で交通事故を起こした後に警察への事故報告をしなかった場合（法119条1項10号）

Q58　財産刑（罰金・科料）までの刑罰

> 　自転車の交通違反に対する罰則のうち、自由刑を含まない罰金など
> の罰則には、主にどのような違反がありますか。また、罰則が設けら
> れていない交通ルールには、どのようなものがありますか。

▶▶▶ Point

① 　罰金とは金額が1万円以上の刑罰のことであり、1万円未満の刑罰は科
料と呼ばれます。

② 　自転車に子どもを乗せるときのヘルメット着用違反などの罰則が設けら
れていない交通ルールもあります。

1 　自転車の交通違反に対する刑罰（財産刑にとどまるもの）

(1)　50万円以下の罰金

　自転車で、過失により人を死亡させてしまう交通事故を起こした場合、過
失致死罪が成立します（刑法210条）。

(2)　30万円以下の罰金または科料

　自転車で、過失により人に怪我をさせてしまう交通事故を起こした場合、
過失致傷罪が成立します（刑法209条1項）。

　なお、罰金と科料の違いは、金額が1万円以上の刑罰が罰金（ただし減軽
されるときは1万円未満となる場合もあります）、1000円以上1万円未満の刑罰
が科料と呼ばれます（刑法15条・17条）。

(3)　10万円以下の罰金

　過失により、信号無視、通行禁止違反、歩行者用道路徐行義務違反、追越
し禁止場所での追越し違反、踏切一時停止違反、遮断踏切進入、横断歩道・

自転車横断帯の歩行者・自転車の通行妨害、徐行場所での徐行違反、一時停止違反、安全運転義務違反をした場合（法119条2項）が、これにあたります。

⑷　5万円以下の罰金

次のような場合が、これにあたります。

①　著しく停滞した道路における警察官の禁止・制限・命令に従わなかった場合（法120条1項1号）

②　前方車両の道路外出進路変更妨害、車間距離保持違反、進路変更先の交通妨害、追いつかれた車両の義務違反、バスの発進妨害、割込み・横切り禁止違反、交差点右左折車両の進路妨害、交差点優先交通車両の通行妨害、緊急自動車の進路妨害、消防用車両の進路妨害をした場合（法120条1項2号）

③　故意・過失を問わず、車両通行帯違反、進路変更禁止の道路標示違反をした場合（法120条1項3号・2項）

④　故意・過失を問わず、横断・転回・後退禁止の道路標識・道路標示違反をした場合（法120条1項4号・2項）

⑤　故意・過失を問わず、交通状況による交差点進入禁止違反、夜間などの灯火義務違反をした場合（法120条1項5号・2項）

⑥　故意・過失を問わず、合図義務違反、警音器使用違反、装備不備自転車の運転禁止違反をした場合（法120条1項8号・8号の2・2項）

⑦　自転車の検査拒否・検査妨害、警察官の命令違反をした場合（法120条1項8号の3・8号の4）

⑧　泥はね運転、転落防止義務違反、自転車から離れる際の停止状態保持義務違反、運転者の遵守事項に関する各都道府県の道路交通法施行細則や道路交通規則違反をした場合（法120条1項9号）

⑨　乗車積載方法違反をした場合（法120条1項10号）

⑩　自転車で交通事故を起こした後に警察官の立ち去り禁止命令に違反し

た場合（法120条 1 項11号の 2 ）

⑪　自転車運転者講習の受講命令に従わなかった場合（法120条 1 項17号）

⑸　2万円以下の罰金または科料

次のような場合、これにあたります。

①　警察官や交通巡視員による自転車の通行方法指示に従わなかった場合（法121条 1 項 4 号）

②　路側帯の歩行者通行妨害、並進禁止違反、軌道敷内通行違反、道路外出左折の方法違反、交差点右左折方法違反、自転車道通行区分違反、歩道徐行違反・歩行者通行妨害をした場合（法121条 1 項 5 号）

③　警音器使用制限違反、乗車積載制限に関する各都道府県の道路交通法施行細則や道路交通規則違反をした場合（法120条 1 項 6 号・ 7 号）

② 罰則が設けられていない自転車の主な交通ルール

⑴　車両通行帯のない道路における左側端に寄った通行義務

道路の右側通行による通行区分違反の場合は罰則がありますが（3月以下の懲役または 5 万円以下の罰金。法119条 1 項 2 号の 2 ）、車両通行帯のない道路（センターラインのない道路や片側一車線の道路と考えてよいでしょう）において自転車が道路の左側端に寄って通行する義務（法18条 1 項）には罰則はありません。

⑵　正当な理由のない進路変更の禁止

進路変更先の後方走行車両の進行妨害や、進路変更禁止の道路標示違反には罰則がありますが（ 5 万円以下の罰金。法120条 1 項 2 号・ 3 号・ 2 項）、正当な理由のない進路変更の禁止（法26条の 2 第 1 項）には罰則はありません。

⑶　自転車横断帯通行義務や交差点進入禁止の道路標示違反

警察官や交通巡視員から、自転車横断帯の通行や交差点進入禁止のため歩道の通行を指示された場合は、指示に従わなければ罰則（ 2 万円以下の罰金または科料。法121条 1 項 4 号）がありますが、自転車横断帯通行義務（法63

条の 6 ・63条の 7 第 1 項）や交差点進入禁止の道路標示違反（法63条の 7 第 2 項）自体には罰則はありません。

(4)　自転車の酒気帯び運転

アルコールの影響で正常な運転ができないおそれがある状態で自転車を運転する「酒酔い運転」には罰則がありますが（ 5 年以下の懲役または100万円以下の罰金。法117条の 2 第 1 号）、血液 1 ㎖中0.3 ㎎以上または呼気 1 ℓ 中0.15㎎以上のアルコールが検出される状態（令44条の 3 ）で自転車を運転する「酒気帯び運転」には罰則はありません（法117条の 2 の 2 第 3 号参照）。アルコール濃度の基準値を超えると酒気帯び運転に該当します。お酒に強い・弱いといった体質は依存しません。運転に問題がなくても酒気帯びになります。これに対し酒酔い運転は、アルコール濃度にかかわらずアルコールの影響により車両の運転に支障をきたしている状態（まっすぐに歩けない、受け答えがおかしいなど客観的に酔っている状態）で運転をすることです。

(5)　13歳未満の子どもに対する保護者のヘルメット着用努力義務

13歳未満の子どもを自転車に乗せる際に、保護者に課せられる子どもにヘルメットを着用させる義務（法63条の11）には罰則はありません。

Q59 自転車運転者講習制度

> 自転車運転者講習制度とは、どのような制度でしょうか。

▶ ▶ ▶ Point

① 14歳以上の自転車運転者が、3年以内に2回以上繰り返して自転車の危険な交通違反で取締りを受けたり事故を起こしたりした場合、3カ月以内に自転車運転車講習を受講するよう義務づけられることがあります。

② 令和2年6月の道路交通法の改正により、自転車運転者講習の対象となる危険行為に、いわゆるあおり運転が追加され、合計15項目となりました。

1 自転車運転者講習

　各都道府県の公安委員会は、自転車の危険行為を反復してした者が、さらに自転車を運転することで道路における交通の危険を生じさせるおそれがあると認めるときは、弁明書などで弁明の機会を付与したうえで（行政手続法13条1項2号参照）、3カ月以内に交通事故防止のための自転車運転者講習（法108条の2第1項15号）を受講するよう命令することができます（法108条の3の5）。14歳未満の行為は罰しないため（刑法41条）、自転車運転者講習の対象は14歳以上とされます。

　この命令に従わない場合には、5万円以下の罰金に処せられることがあります（法120条1項17号）。

　なお、「反復して」とは、2回以上危険行為をした場合を指すと解されますが、前回の危険行為から長期間経過後に危険行為を行ったような場合には、将来的に自転車を運転することが道路における交通の危険を生じさせる

おそれがあると認められない場合も考えられるため、危険行為をした日を起算日とする過去3年以内に2回以上危険行為をした場合として運用されている状態です。法律に明記されているわけではないことに注意してください。また、将来的に自転車を運転することが道路における交通の危険を生じさせるおそれがあると認められない場合、たとえば、①交通事故により下半身不随となるなど自転車の運転によって道路における交通の危険を生じさせるおそれが失われたと認められる場合や、②すでに自転車運転者講習を受けた者である場合であって、自転車運転者講習を受講した後の危険行為が二回に満たないときなどについては除かれることになると解されています（道交法解説1217頁～1218頁）。

　危険行為を原因とする交通違反の取締りを受けた場合だけでなく、危険行為が原因で交通事故を起こして被疑者として検察官送致された場合も対象になります。なお、自治体によっては、警察官が自転車の交通違反を確認した場合に、自転車運転者に対して停止を求め、「指導警告票」という黄色の用紙が交付される場合がありますが、これは道路交通法に基づく処分ではなく、刑罰に該当することを認識させ交通ルールを遵守させるため注意喚起するものですので、自転車運転者講習制度における交通違反の取締りには含まれません。

　自転車運転者講習に関する事務処理要綱・要領は、各都道府県で定められており、講習場所は各都道府県の自動車運転免許試験場や警察本部などで実施され、講習時間は3時間、講習手数料6000円（平成30年4月1日以後）、単に講義を受けるだけでなく、交通ルールに関する理解度チェック（小テスト）や、被害者・被害者遺族の体験談、受講者が犯しやすい違反行為の事例紹介や危険性の疑似体験、交通事故を起こしたときの自転車運転者の責任、自転車の交通ルール、危険行為に関する学習（学習シートを用いたディスカッション）、交通ルールに関する理解度の再チェック（小テスト）、講習の総括（感想文の発表）などを盛り込んだカリキュラムが作成されます（規則38条14

項、令和 2 年12月28日・警察庁丙交企発第101号・警察庁交通局長通達「自転車の運転による交通の危険を防止するための講習の運用について」参照）。

　この自転車運転者講習制度は、平成27年 6 月から始まりましたが、令和 2 年 6 月30日に施行された改正道路交通法により、受講命令の対象となる危険行為に妨害運転（いわゆるあおり運転）が追加されました。

② 講習の対象となる危険行為

　自転車運転者講習の対象となる交通違反は、以下の15項目です（令41条の 3 ）。

① 　信号無視（法 7 条）

② 　通行禁止違反（法 8 条 1 項）

③ 　歩行者用道路における自転車の徐行違反（法 9 条）

④ 　車道の右側通行などの通行区分違反や安全地帯などの進入禁止違反（法17条 1 項・ 4 項・ 6 項）

⑤ 　路側帯通行時の歩行者の通行妨害（法17条の 2 第 2 項）

⑥ 　遮断中踏切や警報中踏切内の進入（法33条 2 項）

⑦ 　交通整理の行われていない交差点における優先車両の通行妨害・徐行違反・交差点安全義務違反（法36条）

⑧ 　交差点右折時の直進車・左折車の進行妨害（法37条）

⑨ 　環状交差点における優先車両の通行妨害・徐行違反・交差点安全確認義務違反（法37条の 2 ）

⑩ 　交通整理の行われていない交差点や交差点の手前の直近で道路標識や道路標示による一時停止指定場所における一時停止違反（法43条）

⑪ 　歩道通行時の通行区分違反・徐行違反・歩行者の通行妨害・普通自転車通行指定部分の安全進行義務違反（法63条の 4 第 2 項）

⑫ 　ブレーキ不良自転車の運転（法63条の 9 第 1 項）

⑬ 　酒酔い運転（法65条 1 項）

⑭　安全運転義務違反（法70条）

⑮　他の交通を妨害する目的で、通行区分違反・急ブレーキ禁止違反・車間距離保持義務違反・進路変更禁止違反・追越し方法違反・消灯減光違反・警音器使用違反・安全運転義務違反のいずれかに該当する行為で、道路における著しい交通の危険を生じさせた場合または交通の危険を生じさせるおそれのある運転をした場合（法117条の2第6号・117条の2の2第11号）

【資料1】　自転車通勤規程

自転車通勤規程

第1条（目的）
　本規程は、○○○○（以下、会社という。）の従業員が通勤のために自転車を使用する場合の取扱いについて定める。

第2条（適用範囲）
　本規程は、会社の業務に従事している従業員すべてに適用する。

第3条（許可制）
　1　会社は、原則として自転車通勤を禁止する。本規程の定めに従って許可を得た従業員に限り、自転車通勤ができるものとする。
　2　従業員は、合理的な通勤経路上において、自転車と公共交通機関を乗り継げるものとする。
　3　自転車通勤者は、天候の悪化等の状況に応じて他に許された通勤手段を利用することができる。ただし、交通費は支給しない。

第4条（自転車）
　本規程における自転車とは次の各号をすべて満たすものとする。
　　①　道路交通法上の自転車
　　②　法律に準拠した装備が正しく装着されているもの
　　③　一定の安全基準（BAA、SBAA、SG、JIS）を満たしたもの
　　④　定期的に正しく整備・点検されたもの
　　⑤　防犯登録されたもの

第5条（許可基準）
　1　自転車による通勤は次の各号をすべて満たす場合に許可する。
　　①　交通規則や自転車の利用マナーを遵守する旨誓約していること
　　②　賠償責任保険（対人保険金1億円以上）に加入していること
　　③　駐輪が許可されている駐輪場所を確保していること
　　④　通勤距離（自転車での経路部分）が片道10km以内であること
　2　シェアサイクルを利用する場合は事業者が前項②の保険を付保していることを許可条件とする。

第6条（許可手続）
 1　自転車通勤希望者は、（別紙）「自転車通勤許可申請書」を所属長に提出して許可を得なければならない。
 2　前項の申請書には、賠償責任保険加入を証する保険証書等の写しを添付しなければならない。
 3　会社が許可シールを交付する場合には、自転車通勤者は速やかに使用する自転車の視認できる箇所に貼付しなければならない。
 4　許可後に申請内容に変更があった場合には、速やかに再申請を行わなければならない。再申請手続は前3項に準じる。

第7条（更新手続）
 承認期限は3月31日とし、期限時に有効な賠償責任保険加入を証する保険証書等の写し等を提出することを条件として、1年間更新し、以後も同様とする。

第8条（禁止事項）
 1　運転に際しては、次の各号に該当する行為をしてはならない
 ①　自転車の業務への使用
 ②　勤務時間中の私用での運転
 ③　飲酒をした後に運転すること
 ④　心身が著しく疲労するなど安全運転が困難な状態での運転
 ⑤　整備不良の自転車の運転
 ⑥　傘さし運転
 ⑦　スマートフォン・携帯電話を使用しながらの運転
 ⑧　その他の法令違反行為
 ⑨　無断駐輪、迷惑駐輪
 2　従業員が前項の禁止事項に違反したときは、会社が直ちに許可を取り消すことができる。

第9条（事故時の対応）
 自転車の通勤途上に事故を起こした場合には、次の対応をする。
 ①　負傷者を救護し、道路における危険を防止する措置をとる。
 ②　警察に通報する。
 ③　所属長等に報告し、会社の指示に従う。
 ④　加入保険会社に連絡する。

第10条（責任）
 1　会社は、従業員の自転車通勤中の事故に関して第三者に対する賠償責任を

　負わない。
　2　会社は、従業員の自転車通勤中の事故に関して損害を受けたとき従業員に
　　対して賠償請求あるいは求償請求をする。
　3　通勤中あるいは駐輪中の自転車の破損、盗難等の事故については会社が責
　　任を負わない

第11条（処分）
　本規程に違反した場合は、就業規則に規定に基づく懲戒処分を行う。

第12条（通勤手当）
　自転車通勤者に対する通勤手当の支給に関しては、別途賃金規程に定める。

（附則）
本規程は、　　年　　月　　日より実施する。

【資料２】　自転車通勤許可申請書

自転車通勤許可申請書

1　通勤ルート
　　自宅から会社に至るルートは次のとおりです。
　　（自宅住所：　　　　　　　　　　　　）
　　　　　　　　　　↓　通勤方法：（　　　　　　）
　　（　　　　　　　　　　　　　　　　　）
　　　　　　　　　　↓　通勤方法：（　　　　　　）
　　（　　　　　　　　　　　　　　　　　）
2　自転車通勤経路の距離
　　片道　（　　　　　）km（小数点２位四捨五入）
3　使用する自転車
　　種　　　類：（　　　　　　　　　）
　　色　　　　：（　　　　　　　　　）
　　防犯登録番号：（　　　　　　　　）
4　賠償責任保険の内容　　※内容を証する書類を添付のこと
　　加入保険会社：（　　　　　　　　）
　　対人保険金額：（　　　　　　　　）
　　保険有効期限：（　　　　　　　　）
5　誓約事項
　　・　上記申請事項に偽りがないことを表明します。
　　・　自転車通勤規程等の就業規則を遵守します。
　　・　道路交通法令や交通ルールに従って常に安全な運転につとめます。
上記誓約事項を誓約した上で、自転車通勤の許可を申請します。
　　　　年　　　月　　　日

申請者　　　　　　　　　　　　印

　＊＊＊＊＊＊＊＊＊＊＊＊＊＊＊＊＊＊＊＊＊＊＊＊＊＊＊＊＊＊
上記申請を許可する。

　　　　年　　　月　　　日

所属長　　　　　　　　　　　　印

211

〔執筆者紹介〕

※ ○：編者

○**仲田　誠一**（なかた　せいいち）　　　　弁護士（広島弁護士会）
　　　　　　　　　　　　　　　　　　　　　なかた法律事務所

　〔担当箇所〕第 1 章（Q 1 ～Q 2 、Q 5 ～Q 8 、Q12、Q17～Q19、Q23～Q24）、
　　　　　　　第 2 章（Q26～Q31、Q42～Q45）

内田　邦彦（うちだ　くにひこ）　　　　弁護士（山口弁護士会）
　　　　　　　　　　　　　　　　　　　　　杉岡法律会計事務所

　〔担当箇所〕第 1 章（Q 3 ～Q 4 、Q 9 ～Q11、Q13～Q16、Q25）

菊田　憲紘（きくた　のりひろ）　　　　弁護士（広島弁護士会）
　　　　　　　　　　　　　　　　　　　　　山本一志法律事務所

　〔担当箇所〕第 1 章（Q20～Q22）、第 3 章（Q46～Q59）

杉江　大輔（すぎえ　だいすけ）　　　　社会保険労務士
　　　　　　　　　　　　　　　　　　　　　杉江大輔社会保険労務士事務所

　〔担当箇所〕第 2 章（Q32～Q41）

〈トラブル相談シリーズ〉
自転車利活用のトラブル相談Q & A

2022年2月11日　第1刷発行

定価　本体2,400円 + 税

著　　者　仲田誠一・内田邦彦・菊田憲紘・杉江大輔

発　　行　株式会社民事法研究会

印　　刷　藤原印刷株式会社

発 行 所　株式会社　民事法研究会

　　　　　〒151-0073　東京都渋谷区恵比寿 3 - 7 -16
　　　　　〔営業〕TEL03(5798)7257　FAX03(5798)7258
　　　　　〔編集〕TEL03(5798)7277　FAX03(5798)7278
　　　　　http://www.minjiho.com/　　info@minjiho.com

落丁・乱丁はおとりかえいたします。ISBN978-4-86556-488-4 C2332　￥2400E

具体事例を通して、事件解決までの手続と思考プロセスを解説！

〈事例に学ぶシリーズ〉

事例に学ぶ
交通事故訴訟入門
―事件対応の思考と実務―

交通事故事件実務研究会　編

A5判・336頁・定価 3,520 円（本体 3,200 円＋税 10%）

▶人損・物損事故の相談から事件解決までの手続を、代理人の思考をたどり、書式を織り込み解説！

▶複合事故、過失相殺、自転車事故での責任、後遺障害、高次脳機能障害、素因減額、外貌醜状等での損害など多様な事例を掲載！

▶事件解決のために、各弁護士が苦しみながら生み出した創意工夫や、円滑に進めるためのちょっとしたコツを余すことなく収録！

▶弁護士、司法書士、保険会社関係者等の必読書！

本書の主要内容

発行　民事法研究会

〒150-0013　東京都渋谷区恵比寿 3-7-16
（営業）TEL. 03-5798-7257　FAX. 03-5798-7258
http://www.minjiho.com/　info@minjiho.com